中小学英语课堂教学理论与实践研究

戴佐欣　江岚澜　吕嘉阳　著

中国国际广播出版社

图书在版编目（CIP）数据

中小学英语课堂教学理论与实践研究 / 戴佐欣，江岚澜，吕嘉阳著. --北京：中国国际广播出版社，2024.8. --ISBN 978-7-5078-5618-7

Ⅰ. G633.412

中国国家版本馆 CIP 数据核字第 2024MF7791 号

中小学英语课堂教学理论与实践研究

著　　者	戴佐欣　江岚澜　吕嘉阳
责任编辑	王立华
校　　对	张　娜
版式设计	邢秀娟
封面设计	豫燕川

出版发行	中国国际广播出版社有限公司［010－89508207（传真）］
社　　址	北京市丰台区榴乡路 88 号石榴中心 2 号楼 1701 邮编：100079
印　　刷	北京市怀柔新兴福利印刷厂

开　　本	787×1092　1/16
字　　数	165 千字
印　　张	12.5
版　　次	2025 年 6 月　北京第一版
印　　次	2025 年 6 月　第一次印刷
定　　价	58.00 元

前言

随着知识经济时代的快速发展和全球化进程的深入，英语已成为国际科学技术合作的通用语，在促进跨文化交际方面发挥着非常重要的作用。中小学生是祖国未来的希望，学好英语有利于他们今后的学习、研究，也有利于他们进行国际化交流。因此，如何教好中小学生英语，是每位中小学英语教师需不断深入研究的课题，也是一项艰巨的任务。

课堂教学是学生学习知识的重要途径，也是教师实施教学的主要阵地。在中小学英语课堂教学中，教师应根据中小学生的认知水平、情感态度、兴趣爱好等，采取合理有效的教学策略，以提高课堂教学质量。本书结合中小学英语教学实践，首先阐述英语课堂教学基本认知，其次从中小学英语教学理论、课堂教学研究、课堂教学设计理论等几个方面展开论述，然后从小学英语教学设计、初中英语教学设计和高中英语教学设计几个方面进一步展开论述，最后从中小学英语课程资源的开发与整合、教育信息化与中小学英语教学创新实例两方面进行深刻分析。笔者希望通过本书的研究和探讨，能够为中小学英语教学实践提供参考依据，为促进教师英语教学提供新思路。

笔者在撰写本书时查阅了一些相关文献，但由于笔者水平、经验有限，若本书有不妥和错漏之处，还请广大同行和读者批评指正。

目 录

第一章　英语课堂教学基本认知

第一节　英语教学的基本结构

策划英语教学活动是英语教育的首要步骤。这一教学环节的核心目的是确保课堂秩序的稳定性，从而帮助学生更好地集中注意力。只有这样，学生们才能在无干扰的环境中安静、专心地学习，从而提高学习效果，并确保教学活动的顺利进行。尤其对于低年级的学生来说，他们年纪尚小，喜欢说话和活动，缺乏自我管理能力，容易分心。因此，在这种情况下，教学组织的工作显得尤为关键。

一、组织英语教学的原则

在组织教学活动时，我们需要考虑许多方面。例如如何选择教师的角色，如何组织活动，如何发出指令，如何控制教学流程，如何组织大班的教学，以及如何处理那些没有组织、缺乏纪律或注意力分散的学生等问题。面对上面提到的这些难题，每位教师都应该学会正确的应对策略。在进行英语教学的组织过程中，有四个核心原则是必须遵守的。

第一，交代指令要适当。在英语的教学过程中，学生的各种行为都应受到具体指令的引导。发布指令不应是随便的行为，它应该是尽量明确和简洁的，如有必要，可以将演示作为一个补充手段。在正式给出指令之前，教师需要确保所有学生的注意力都集中在教师身上，这样才能确保所发布的指令真正有效。然而，在某些特定情境下，发布指令是不适宜的，例如当学生正忙于处理自己的事务、在私下里进行交流，或者在课堂环境相对混乱的时候。

第二,在明确活动的相关指导方针时,为了保证其实施效果,以下六个方面的内容显得尤为关键:一是需要确保新旧知识之间的连贯性。二是需要明确阐述与活动相关的各项信息,包括活动的目标、预定时间、实施方式、操作流程以及反馈需求等。三是需要核实学生是否对指令有了全面的理解。四是需要确保学生明确并理解如何开始他们的活动。五是在终止指令时,必须非常明确和清晰。同时,对于学生的各种活动,教师需要进行适当的评估,并关注评估的具体方式和方法,努力选择能够帮助学生建立自信的方式,并确保学生能够从中识别出问题,并明确如何进行改进。六是我们需要为学生预留足够的时间,以便他们能够提出与此相关的问题。

在选择英语教学活动的参与方式时,必须确保其适当性。课堂中的各种参与活动构成了课堂教学活动的核心部分,而学生参与的深度和广度,实际上是由他们的参与方式所决定的。

比较普遍的参与方式有个体活动、团队活动、伙伴活动以及班级集体活动。在选择模式时,应依据实际学习内容来做出决策。学生的学习过程是通过实际参与和实践来完成的,而不仅仅是单纯地听课。因此,在决定参与方式时,必须迅速满足学生的实际操作和口头表达的需求。一般而言,在这一流程中,小组活动和同伴活动是最常被采用的参与方式。在进行这些活动的过程中,合作伙伴也会经常做出相应的调整和变更,以便让更多的学生有机会参与到英语教学活动当中。

第三,需要对参与英语教育活动的参与者和他们的时间进行适当的管理。通常情况下,英语的教学过程都会受到时间的限制。如果学生未能在规定的时间内完成指定的任务,教师有权根据具体情况决定是暂停任务还是继续任务。如果教师决定让学生继续参与相关活动,那么必须明确活动的最终结束时间。但在决定是否继续活动之前,教师需要首先了解学生当前的任务完成状况,并进一步探究学生为何之前没有按时完成这些任务。

在执行活动时，各个学生的语言能力存在差异，因此，对于相同的任务，不同的学生所需的完成时间也会有所区别。部分学生可能在规定的时间内已经完成了他们的任务，但也存在一些学生在活动结束时无法完成任务的情况。对于那些具备提前完成教学任务能力的学生，如果教师不再为他们安排额外的活动，他们可能会有一段时间处于无所作为的状态。这样的状态有可能给那些还未完成教学任务的学生带来负面效应，甚至有可能使他们对未来可能进行的其他教学活动失去热情，从而对他们未来的教学成果产生不利影响。因此，为了应对这种情况，我们需要实施一系列的策略。

对于那些已经提前完成了指定任务的学生，应当给予他们额外的任务。在一些情况下，教师可根据具体情况，适当增加额外活动时间。比如说，如果有两个或更多的团队提前完成了他们的任务，那么可以安排他们进行相互比较和检查，这也可以视为一种额外的活动安排。

可以把一些提前完成任务的同学编进一些未完成任务的小组中，帮助他们更好地完成任务。

第四，关于英语教学的座次，要进行合理的安排和摆放。在组织教学活动时，座次的安排摆放有着重大影响。座次固定的话，开展小组活动和同伴活动可能会受到一定的限制；但如果桌椅是活动的，则一定要合理进行摆放，如果摆放的位置不恰当，也会影响活动的组织。

二、组织英语教学的步骤

组织英语教学这个环节是上课的开始，也贯穿于整个教学过程中。具体来说，就是在上课的过程中，教师应随时注意组织学生专心地、积极地参加教学活动，以保证英语教学的效果。

第一，教师与学生之间要互相打招呼，这样可以更好地吸引学生的目光到教师身上。

第二，教师需要记录学生的缺席情况，这样在未来可以为他们补充所需的课程。

第三，是关于值日生的报告。

第四，公布这堂课的教学内容和目标，目的是将学生的焦点集中在学习上，并正式开始授课。

在上述四个要点里，值日生在报告时需特别关注以下三个重点。

一是值日生的报告是由学生们依次提交的，而不是由一个固定的学生来完成。当日，值日生可以自由选择主题进行2—3分钟的演讲。教师在听的过程中不断地记录学生的错误，当学生说完这些错误后，他们会将错误的内容写在黑板上，以便学生进行纠正。

二是当学生准备值日生的报告时，他们可以提前把报告的内容转化为文章形式。从某个角度看，这种方法可以被视为对作文练习的有益补充。此外，这也可以被视为一种独特的指导机会，这种机会在日常生活中是相当罕见的。采用板书的方式来修正学生的失误，不仅对值日生有益，也有助于避免其他学生犯下相似的失误。

三是我们需要确保值日生的报告时间不会过长，因为这并不是他们上课的核心目标。这部分内容所需的时间(包含纠错部分)不应超出10分钟。如果有足够的时间，教师也可以添加一些与值日生报告主题相关的额外内容。

三、组织英语教学的要点

在讨论英语教学中的组织教学时，许多人对其有误解，这主要体现在以下两个方面。第一个方面，英语的组织教学仅在课堂开始时进行，并且只持续了几分钟。实际上，整堂课的组织和教学都需要持续的关注，这样才能确保课程的流畅进行。第二个方面，认为英语的组织教学等同于批评学生，这样的看法显然是过于偏颇和不精确的。

组织英语教学中可采用适当的方法。在当前的英语教育实践中，部分英语教师采用的组织教学方法是口头讲授，但在实际操作中，这种方式并不是最佳选择。实际上，只要教师能够有效地组织课程，并按照循序渐进的方式进行教学，使学生感受到课堂的价值和进步，他们便会更加专注于英语学习的过程。当然，也存在一些特定的操作方式可以参考。在组织教学活动的过程中，教师会持续地向学生提出各种问题，并进行相应的指导；随着教学标准的逐渐提升，稍微超过学生实际能力的标准将有助于让学生保持一个更为积极的学习状态；教学方法可以根据具体情况进行适当的调整，以便更好地吸引学生的注意力；根据学生的实际表现，适当地给予他们表扬、鼓励和批评，主要采用表扬的方式，这将有助于加强或维持学生对英语学习的信心。只要教师能在英语教学过程中有效地指导学生，学生便会主动参与，因此组织教学活动就不再是难题。

四、检查与复习上次英语课内容

对上一次英语课的内容进行检查和复习，在确保教学连续性上发挥了至关重要的作用。通过这一教学环节的实施，教师能够全面了解上一堂课的教学成效，并对教学进度有明确的认识。这一环节充当了已有教学内容与新教学内容之间的连接桥梁，更具体地说，它是对已有教学内容的进一步延伸，以便为未来新内容的学习做好充分准备。

（一）检查作业

对作业的检查经常与复习和巩固已掌握的知识相结合。在对作业进行检查或检查完成后，可以根据观察到的问题添加额外的练习，这些练习不仅有助于巩固和深化已有的知识，同时也能有效地弥补学习中的薄弱环节。检查的作业内容涵盖了上一堂课的口头和书面作业。教师通常会在收到所有笔头作业后，将其带到课堂上进行批改；口头作业经常以口头的方式进行评估，因为这种形式具有很大的灵活性和多种方法，课堂上可以涵盖听、说、读、写等多种实践活动。此外，检查口头作业时，主要可以采用口头方式，并辅助以书面形式进行。

无论是口头还是书面形式的检查作业，教师和学生都在积极地进行沟通和交流。在教学过程中，当教师察觉到学生存在的问题时，应以实事求是的态度进行指出，这样不仅能协助学生解决问题的一部分，还能激励他们独立地解决问题，并在解决问题的过程中培养他们的自主学习能力。

值得一提的是，在提交的书面作业中，教师通常需要撰写评语。在这种情况下，不能随便写出任何话语，例如批评学生的话，即使作业做得再差，也一定有其优势。

（二）提问学生

在进行检查和复习的过程中，教师可以对学生的回答进行评分，这将作为他们日常成绩的一部分。有两种不同的提问方式，分别是针对个体的提问和针对整个班级的提问。在提出问题时，通常首先向全班同学提问，然后由少数学生进行回答。在提出问题的过程中，有两个主要方面需要特别留意。

提问时，项目的重要性应尽量减少，形式应简洁且简短，将问题分解为小部分，这样可以吸引更多的学生加入。提出问题的学生应该是广泛的，并且应该面向整个班级，而不是只关注少数几名学生。

在提出问题的时候，我们应该更加关心那些学习成绩较差的学生。在进行英语教学时，出于各种各样的原因，经常会碰到学业表现不尽如人意的学生。为了协助这批学生更有效地适应英语教育环境，教育工作者有责任为他们提供必需的教学方针和指导。比如说，在英语的课堂环境中，我们应该给予那些学习成绩不尽如人意的学生更多的答复机会。一开始，向他们提出的疑问应当是比较直接的，这有助于提升他们的自信心。接下来，我们可以逐渐向他们提出更有挑战性的问题，目的是提升他们的英语水平，并最终帮助他们赶上或超越其他学生。

五、教授新的英语知识

教授新的英语知识是构成英语教学的第三个环节。下面从教授新知识的内容以及方法来对这个环节进行详细阐释。向学生教授新英语知识的目的主要包括两个方面：使学生感知和理解新的英语知识，使学生初步运用新的英语知识。

（一）使学生感知和理解新的英语知识

在进行英语的教学活动时，我们必须确保学生能够深入理解并清楚地掌握所教授的内容。例如，在教授英语单词时，不仅要让学生了解其发音和拼写方式，还需要让他们理解单词的含义和使用方法，这种词汇的积累才是真正有效的；在教授英语句子时，应确保学生能够理解并掌握句子的发音、音调或书写方式，并对其含义有清晰的认识；在教授英语语法的过程中，我们需要确保学生对相关的语法规则和其实际应用有深入的了解。在进行讲解的过程中，有必要采用特定的教学方法。例如，学生可以通过实物、模型、插图、手势、动作、表演和情境等直观的方式来表达，这种方式有助于学生将英文句子和词汇与其所代表的内容和观念紧密联系起来，从而更好地加深他们的理解；学生可以选择用英语来解释，但在必要的情况下，也可以选择用汉语来解释，这样可以帮助学生更好地理解学习的内容；为了更好地解释，我们还可以采用示范或实例的方式，例如展示发音和朗读技巧以鼓励学生模仿，并提供示例句子来解释单词或语法的具体含义和应用方法。英语的掌握往往涉及理解、记忆和应用，而掌握新的英语知识不仅是这一学习旅程的起点，也是整个学习过程的基石。当教师进行讲解时，他们应该简明扼要、明确重点，对于那些暂时没有实际意义或学生当时难以接受的内容，教师可以选择不进行讲解。这样做的初衷是为了让学生首先对基础知识有一个初步的认识，并为之后的深入讲解做好充分的准备。对于那些能够通过图表和实物等直观方式进行教学的人，如果教科书上有相关说明，那么就尽量减少或避免讲解，以便提升英语教学的效果。在教学过程中，教师通常会采用对话的形式，并经常提出具有启示性的问题，以激发学生的主动思考，从而有助于提升学生的自主学习能力。在教学过程中，我们应当采用高效的策略，确保学生在深入理解的同时，能够记住部分或大多数的知识点。

(二)使学生初步运用新的英语知识

当学生能够理解新的英语知识后，还需要让他们初步应用这些新知识，这将有助于检查和加深学生对新知识的理解。与其他类型的练习相比，初步应用是最为基础的，它主要涵盖了朗读、简单的替换练习、复述语法规则、回讲句子或语法意义，以及通过实例来解释单词的用法和语法规则。

在教授新的英语知识这一部分时，我们必须正确理解其包含的两大目标和它们之间的联系。理解是一个由简单到复杂、从不完美到完整的演变过程。在这个过程中，理解不仅有助于模仿、实践和应用，而且模仿、实践和应用也进一步加深了我们的理解。了解事物的表面和其背后的原因都是理解的过程，对于模仿行为，了解事物的表面是绝对必要的。对于英语初学者，尤其是年纪较小的学生来说，由于他们所掌握的英语知识相对有限，因此理解英语的真正含义对他们而言是一项艰巨的任务。经过一段时间的模仿、实践和应用，随着学生英语学习材料的逐渐增加，在教师的指导下，许多学生能够从所掌握的感性材料中获得理性的理解，理解其背后的原因，这将有助于进一步提高学习的效果和质量。因此，在理解、模仿、实践和应用之间的相互关系上，我们应该采取辩证的态度，并根据实际需求适当地处理这些关系，以协助学生更好地理解和初步应用新学到的知识。

六、布置英语课外作业

在英语教学中，布置课外作业是关键步骤。在英语课堂即将结束之前，教师需要根据教学目标和课堂教学的实际情况，布置课外作业，以加强和提高课堂教学的效果。通过布置课外作业，学生可以更好地理解和指导他们在课后的学习内容和方法，这不仅可以帮助学生更好地利用课后的学习时间，还可以培养他们良好的学习习惯。特别是对于低年级的学生来说，由于他们缺乏足够的自制力和学习经验，因此布置课外作业对他们来说变得尤为关键。然而，英语教师在布置课外作业时必须谨慎，避免盲目或任意，因为这可能会给学生带来额外的学习压力。教师在布置课外作业时，应确保作业的明确性和合理性，这样可以在英语教学过程中提供有效的辅助。

为了确保课外作业能够达到预期的教学效果，教师需要注意以下四点：一是明确作业的目标和执行方法，如果作业是一种相对较新的教学形式，教师应在课堂上进行示范教学；二是教学内容的分量要恰到好处，既不能给学生带来过多的学习压力，也不能呈现出断断续续的情况；三是突出课堂内容中的关键和难点，通过课外作业的实践，助力学生更深入地理解和掌握；四是难度需要恰到好处。

第二节　英语教学的重要要求

一、具备一定的密度

英语的教学应该有一定的密度，这实际上意味着教师应该最大限度地利用课堂时间。由于教学时间的有限性，如何在有限的时间内最大限度地提高学生的学习和实践能力，一直是教育者们研究和探讨的重要问题。通过合理地使用时间，我们可以迅速地提高教学的效率，并实现最佳的教学成果。因此，在制定教学策略时，教师必须进行周密的策划，以确保教学策略被有效地利用。

为了达到这一目的，教师在组织活动时应重点关注特定的议题和主题。如果教师能够抓住这些特点，就能有效地激发学生对英语学习的兴趣。举例来说，在教学活动中，通过针对课程主题的提问或者语言交流，并借助紧凑的互动环节，能够迅速提升学生的英语口头表达能力。此外，在教学活动中运用恰当的教学方法也是非常重要的。很明显，我们的教学方法并不是永远固定不变的。如果我们能够灵活地运用多种教学方法，就会让课堂变得更加有趣，也能提高教学效果。依据各式各样的教学主题来挑选最适宜的教学方法，有助于显著提升学生的多方面能力，从而使他们的学习过程更加高效。当然，这些策略也并非十全十美，需要教师灵活地加以运用。比如说，在句子结构的教学过程中，我们可以思考采用其他的教学方法；在教授词汇的过程中，选择联想法、构词法或造句法都是极佳的策略；在处理分段文章时，采用翻译技巧会更加恰当。本文主要介绍了在小学英语听力课课堂教学中如何运用以上几种教学方法。英语的教学过程中存在一定的密度，这不仅有助于增强学生的集中力，还能营造一个和谐且充满活力的课堂环境，从而提高学生的学习热情和主观能动性，进而迅速提升他们的英语表现。

二、具备一定的广度

在进行教育和教学活动时，教师需要全面考虑一些关键因素，以扩大课堂教学的覆盖面并减少教学中的盲点。在新的教学过程中，学生的数量应该超过总人数的 75%，并且在复习和练习的时间里，全体学生都必须参与。在开展教育和教学活动时，我们必须深入了解学生的真实需求，并根据他们的学习要求来设定教学目标和计划。对于学习困难的学生，我们可以适当降低他们的标准，而对于成绩出色的学生，我们可以适当提高他们的标准。当然，也有一部分学生可能不太愿意参与各种活动，针对这类学生，我们需要根据他们的兴趣来采取适当的措施，以提高他们参与活动的积极性。

三、具备一定的深度

英语的教学内容需要具备一定的深度，但这种深度也需要维持在学生能够接受的界限之内，只有这样，才能真正激发学生的学习热情。关于难度的设定，我们需要全力以赴，根据每个学生的特点进行教学，不能简单地用一个统一的难度标准来衡量所有学生的能力。从学生的智力和英语水平来看，在难度比例上，最理想的比例是 1∶3，也就是一难三易。当涉及深入的教学内容时，我们应当重视掌握教学中的核心语言和关键词汇，这样可以有效提升教学的效果。

第三节　英语教学的课程与教学

语言教育构建了一个由多个要素组成的立体多层次框架，它融合了语言学、心理学和教育学，并与教师、学生、教材和教学目标等多个方面紧密相连。本节试图通过对英语学习者心理研究的回顾与展望，探讨在新时代下如何提高我国高校英语课堂效率，培养适应未来社会需求的高素质人才。本节计划从教育心理学的视角出发，深入探讨英语教学的各个方面，包括课程与教学论、外语教育技术学、学习理论以及认知负荷理论，以寻找英语专业教学研究的坚实理论基础。

一、多元识读教学

随着社会和时代的不断进步，对于识读能力的基本性质和学习特点，人们提出了更为严格的标准。在这个全球化和信息化的时代，新技术正在塑造更多的新素养，与过去相比，现在的读写和交流方式已经发生了根本性的变化。

学生在完成学业之后，将会变成一个对英美文化有深入了解、具备跨文化意识并且接受过教育的个体。学生群体是一批具有创新精神、冒险精神、优秀的探究能力以及能够协调各种不确定因素的人，同时也具有独特的个人魅力。在这个不断变化的大环境中，想要进行有效和有意义的交流，学习者必须具备强大的思辨能力。他们可以从多个角度看待问题，面对不同的环境，可以通过有效的交流来促进个人的学习和进步。

遵循纪律并具有专业素养的各种人才，可以根据不同的社会环境，采用各种不同的方法进行交流活动。当前的人才观念需要应对生活的复杂性和多样性，以及人与人之间合作的意识，其中包含了明显的个人积极性、挑战性和社会参与度。

随着全球经济一体化的持续推进，人们在交流、文化和语言上都展现出更多的多样性和多元性。多元识读教育是由于语言和文化的丰富多样性以及与全球的紧密联系而产生的，因为在新媒体时代，人们通过交流展示了多种模态化的表达方式。

在全球化的大背景之下，由于文化语言和文化的多样性和多元性的共同影响，世界各地的距离正在逐渐缩短。在这样的背景下，英语在多种社会和文化环境中得到了广泛的应用，并展示出了明显的跨文化特质。

英语不仅是一种具有国际影响力的语言，同时也展现出其丰富的多样性。多元识读实际上是多媒体平台经过多种形式和模态化处理后的成果。伴随着新媒体的迅速崛起，人与人之间的互动方式经历了巨大的转变。文本，作为主要的交流手段之一，已经不再是唯一的形式。书面和口头表达已经实现了融合，各种不同的交流模式，如视觉、听觉、手势、触觉和空间等，都在相互影响和融合。这种多模态的交流模式为学生在理解和掌握媒体表现方面提出了更高的标准和要求。

多元识读的核心是由两个“多”元素组成的，即多语言和多模态。其中一个主要的成分就是多语言。多语言指的是在社会化、跨文化和职业化的大背景下涌现出的各种社会用语形式。多模态则是一种以符号为媒介进行人际传播与交际的方式。多模态描述的是在现代社会中，信息传递所展现的多模态属性。它既包括传统的语音符号，也包括多种视觉图像以及其他非声音形态。随着新媒体技术的迅猛发展，多模态化的趋势变得日益明显。它不仅能够实现多种符号之间的互动，还能使不同类型的文化得以相互传播。如今，我们正生活在一个高度数字化和网络化的时代，各种社会化的交流和合作软件，如微博、微信、腾讯 QQ 等，已经变成了人们在工作、学习和生活中的基本工具。

面对多元识读的问题，国内外的学者们进行了深度的研究，并对其进行了分类整理。从理论和实证两个方面分析多元识读研究的发展过程以及存在的问题，指出在多元识读研究中需要进一步关注的几个问题。多元识读通常可以被分为五个不同的类别，它们是视觉素养、语言认知能力、课程素养、计算机网络素养和思辨能力。

“多模态识读”提供了一种能力，使人们能够阅读各种不同模态和媒体的周围信息，并基于这些信息生成相关内容，例如多媒体的互动交流或互联网阅读材料；它以英语语言为主线展开，同时包含了多种学科知识。从社会符号学的角度出发，将英文单词“multiliteracies”译为“多元识读能力”。这种能力主要涵盖了文化识读和技术识读（也称为多模态识读），即利用新媒体平台进行信息交互和交流的综合素质和能力。

多模态的识别能力可以被细分为九个不同的级别。

第一，在信息化的背景下，参与者可以采用合适的方法来完成任务。

第二，借助信息技术这一平台，参与者能够迅速地获取所需的资料，确保与信息技术应用有关的任务得以顺利完成，同时还可以借助技术工具来加强多模态的阅读和写作能力。

第三，在处理来自数字网络资料库的数据时，参与者应该采用策略性和批判性的思考方式来进行整合和管理。

第四，积极的参与者不仅需要有强烈的责任感，还应持有开放的思维和观点，这样才能在这个日益数字化的时代中展现出自己应具备的价值，并能够准确地理解新环境下出现的各种社会问题，并迅速地进行适应。

第五，由于某些特定问题而成立的虚拟社团，能够通过其专业的技术手段有效地促进彼此之间的合作。

第六，利用各种技术手段和方法，将焦点集中在一个特定话题上，并运用全面的知识进行阐述。

第七，在当前的信息技术社会背景下，参与者需要思考如何充分利用自己的能力来表达自己的观点和思考。

第八，学习方法的更新可以通过新的媒体手段来实现，例如采用非语篇的写作方式。

第九，参与者不仅需要具备解读文本信息的技能，还需要有解读符号和图像的能力。可以熟练地运用多媒体和其他技术工具，例如互联网，来促进人与人之间的互动和学习，从而充分发挥其潜在的价值和意义。

自多元识读作为一种创新的教育观念和方法被引入以来，它一直在经历持续的优化和完善。最初，多元识读教学法主要分为四个主要阶段：明确的指导、实际情境的实践、批判性的框架设定以及实际应用。基于此，多元识读教学方法将学习活动细分为四个主要部分——体验、概念化、深入分析和实际应用，学生在这些活动中进行学习。在学习的过程中，四个阶段形成了一个相互关联、顺序明确的序列和联系。

第一，体验。人类的诞生依赖于特定的环境，而基于场景化特性形成的认知，在很大程度上受到环境因素的影响。学生有机会将他们在课堂上学到的知识与日常生活中的各种体验结合起来，这有助于他们更深入地理解知识体系所揭示的思维和功能，并为后续的知识应用创造有利条件。人们经常把将学习与日常生活紧密结合的方式称作“文化关联法”。

第二，概念化。概念化不只是传统学科的教学内容，它更代表了知识的不断积累和发展。在概念化和实践概念化的学习过程中，学生应作为中心参与者。通过对隐性知识的深入理解和应用，学生能够形成可以观察和分析的显性知识，并对研究结果进行进一步的总结和概括。在实践概念化的过程中，我们主要采用了两种策略。首先是命名法，它通过为抽象事物命名，帮助学生更好地理解其概念范围，从而加深对这些概念的理解，并推动理论知识体系的迅速进步；接下来是基于理论构建的概念学习，学生不仅是概念和理论的学习者，还是其创造者。在进行概念化学习时，他们需要有自己的心智模型和框架，通过对事物的认知和学习，将其转化为自己的学科图式。

第三，分析。如果你希望提高你的学习效果并进行有效的学习，你必须拥有出色的分析技巧。分析主要可以划分为功能性分析和批判性分析两大类。所谓的批判性分析就是能够在实际情况下发现问题并且解决问题。功能性分析主要可以划分为三大领域，它们是推理、推断和演绎。在这一过程中，需要结合相应的理论来展开相关问题的讨论与解决。在确定功能的过程中，我们可以对逻辑和文本之间的联系进行更深入的探讨和分析。在进行判断时，需要考虑到不同类型的信息，包括自己和别人的知识与看法，也要结合其他相关内容来做出正确选择。批判性分析更多地关注个人的兴趣、观点和驱动力，这包括了个体和他人的因素。通过对《论语》中“知”的解读和分析发现，“知”的思想实际上也反映了人们在认知过程中存在着一种思维模式上的转变。这种类型的分析不仅涵盖了新旧经验的整合和相互作用，还包括了新旧观念的相互融合和互动。

第四，应用。应用的核心内容可以划分为两大类：适当性应用和创造性应用。适当性应用更多地侧重于理解自己所掌握的知识，更注重将这些知识体系应用到日常生活中，以验证其实际效果。在创造性应用中，更多地关注学习者的兴趣点，利用已有的经验和灵感来对日常生活中的事物进行创新，并通过创新的方法和应用，使这个世界变得更加多姿多彩。

多元识读教学法是一种新型的教学方法，是在新媒体时代应运而生的一种方法，其发展过程在一定程度上也属于实践与完善的过程。

二、教学设计

在探讨教学设计与教学理论间的联系时，教学设计的讨论显得尤为复杂，这也是教育领域中一个备受争议的议题。通过对相关文献的深入分析，我们发现目前的教学设计与教学理论在很多方面都有相似之处，很难明确它们之间的界限。

从核心内容来看，教学设计和教学理论是完全相同的，它们的中心思想都围绕着教学方法。这两种研究方法在其研究目标、实施策略和影响范围上都是相似的，它们都是为了解决问题而进行的研究活动。教学设计的具体内容与教学理论的学术标准是一致的。仅仅因为焦点集中在教学方法或模式上，就不能通过教学手段来实现创新。

现阶段，无论是在教学设计还是教学理论方面，都应被视为研究的一部分，而非仅仅是一个科学的理论。教学一旦出现，相应的教学方案也会随之产生。教学理论与教学设计从相同的角度出发，只有明确技术学理论与教学理论在教学设计上的差异，并明确它们之间的边界，我们才能发展出创新的教学理论。在教学设计的技术学理论中，教学系统的构建被视为核心关注点，而教学理论则持续地关注教学系统的总体特性和其运作方式。

当我们鼓励并确保英语的自主学习时，英语教学改革的成功与否，很大程度上依赖于课堂教学方式的革新。随着学校不断扩大招生规模，英语教学的任务也在急剧增加。与此同时，随着出版业的持续改革，更多的英语教材出版商开始更加重视教材的系统化建设。正是通过完善的教材体系和全面的服务，大量高质量的教学资源和课件得以顺利传递给一线教师。然而，在英语课堂教学的实际应用中，多媒体教学作为一个主要的教学角色，也暴露出了许多明显的不足。例如，如果不能有效地运用和管理多媒体资源，那么人与人之间的互动可能会逐步减弱，从而限制教师个人风格的充分展现；如果偏离了以学生为中心的教育理念，那么学生在语言学习中的核心地位可能会被轻视；大量的教师现在很少或根本不进行课前备课，而是过分依赖出版社提供的教学课件。在这样的背景下，作为英语教师，我们必须充分发挥自己的主观能动性，结合本校学生的实际学习情况，对教学计划给予足够的重视和优化，以使有限的课堂教学更加高效。

教学设计的核心是利用系统化的方法来分析教学过程中遇到的问题，明确教学目标，并为教学中可能出现的问题制定相应的策略和方案。对这些方案的执行效果进行评估后，再对其进行修订。

教学设计的主要目的是采用最恰当的方法或策略来达成既定的教学目标，这意味着教育者需要不断地行走、观察、思考，并做出相应的调整。在英语的教学过程中，我们可以观察到某些相似之处和课堂上的不同之处，这主要在课程的种类、目标受众和教学环境等多个方面得到体现。探索英语课堂活动的构建原则模型，将极大地助力于指导新媒体时代下的英语课堂教学实践，进而优化教学效果，使得课堂教学能够更加高效地进行。

在新媒体时代的背景下，为了进一步强化教学设计，我们不仅需要严格遵循语言教学和教学设计的基本原则，更应重视现代教育技术的合理应用，并持续加强多媒体和多模态的课堂教学，从而使英语专业的教学效果更为突出。为了在多媒体和多模态环境中更有效地进行英语专业课堂的教学设计，我们必须全面考虑英语分课型的教学目标、教学环境、教师与学生的信息素养、学生的语言能力和心理特点等多个方面。通过运用第二语言习得、教育学、心理学和认知科学等多学科的知识，我们可以实现教学研究的多维效益。除了上述内容，我们还需要深入探讨教学的本质和运行机制，打破传统的、单向的教学模式，开始尝试将教师置于引导的位置，以学生为中心的教学模式，实现教师和学生之间的平等合作关系。

生态学的核心思想是，当系统内的每一个组成部分与其周边环境深度合作时，都能识别出与之匹配的生态位置。然而，当我们在外语教学系统中整合了信息技术，如果不能找到一个与自己相匹配的生态位置，那么原有的教学目标、资源配置、教学内容、管理策略、教师与学生的观点以及课程设计都可能会发生变化，导致外语教学中出现多种不平衡的情况，从而破坏了原有教学体系的和谐与平衡。另外，在信息技术与外语课程成功融合后，在教学实践中常常会出现信息技术的误用情况，这包括信息技术使用的频率过高，甚至可能出现滥用和低值使用等情况，而能够正确使用信息技术的情况却相对较少。通过观察这些现象，我们可以发现，当信息技术被整合到外语教学体系中后，其内部功能的开发和利用率相对较低。在日常教学活动中，一些直观而强大的功能还没有得到充分的利用和发挥。因此，为了充分利用信息技术的潜能，我们需要深入研究失衡现象并寻找相应的解决策略，确保教学体系再次达到一个平衡的状态。此外，我们还需要跳出传统的教学理论框架，从生态学的角度重新审视外语教学方法。

要想使外语教学的平衡得以实现，就一定要坚守以下两个基本原则。

第一，要先把教学结构稳定下来，并要兼顾教学要素。从生态学的理论角度看，与稳定性紧密相连的是平衡，而与兼容性紧密相连的是和谐。如果我们将“稳定”视为终极目标，那么达到这一目标的方法和路径便是“兼容”。例如，在课堂教学过程中，一个完整的生物链通常是由外语教学的各种元素所组成的。当信息技术与外语课程进行整合后，信息技术在课堂教学的整体结构中获得了中心地位。为了确保教学结构的稳定性，我们必须确保信息技术与其他教学元素能够相互兼容、协同和整合，这样才能最大限度地发挥其固有的价值和功能。当信息技术与其他教育元素融合在一起时，可以确保教学链条的稳定运作，从而使教学结构达到一个均衡和稳定的状态。

第二，对于教学运转加以制约，带动个体的发展。我们不仅需要对教学过程进行适当的限制，还要确保学生个人得到全面的成长。这里的“制约”是指教学的方法和工具，而我们的目标是“推动”学生的进步。从生态学的角度看，外语教学体系中的每一个相关元素都有其独特的生态位置，每个元素在其生态位置上都扮演着特定的角色。要想让这些要素充分展现其应有的作用，它们可能会面临某些约束。随着现代信息技术在外语教学中的融合，为了更好地促进学生的个人发展，我们必须明确信息技术所扮演的角色，并尽量减少其误用的情况。我们需要确保信息技术始终沿着规则的路径发展，发挥其应有的作用，并确保它与其他元素能够相互兼容和配合。早期的“制约”为后续的“促进”提供了坚实的基础；“促进”是在经历了合理且有效的“制约”后的不可避免的结果。这意味着，只有妥善处理“稳定”与“兼容”以及“制约”与“促进”这两组词语之间的辩证关系，外语教学才能在一个相对和谐的生态环境中自然、健康地发展。

在英语网络自主学习中心的建设过程中，教育生态论发挥了至关重要的指导角色。在教育部的指导和推动下，与英语网络化有关的教学改革项目得到了持续的发展，大量的学校开始筹建英语网络自主学习中心，各种研究成果如同泉水般源源不断地出现。当前，特别需要从教育生态学的角度出发，对英语专业的网络自主学习模式进行深入研究，并特别强调构建一个基于网络教育环境的多模态英语学习模型。众多的实验研究都指出，积极学习的核心要素在于各种形式的互动，这包括学生与学习材料的互动、学生与教师的互动，以及学生与学习工具的互动。另外，随着自主学习的理论和实践迅速进步，许多欧美学校开始建立自己的语言学习中心。在多媒体、互联网和虚拟现实等技术驱动的网络文化背景下，教育的开放性已经成为以学生为中心的教学活动的重要支撑，逐渐引导更多的学生成为真正的独立学习者。

目前，计算机辅助语言的教学方法已经进入了一个崭新的历史时期。众多的外语教育者开始探索利用互联网和局域网进行语言教学。特别是针对网络教育环境中与外语教学相关的问题的研究，已经成为应用语言学领域中备受关注的焦点话题。传统的教育环境常常是一个四面环墙、相对封闭的生态背景，而现代的网络教育则位于一个多样化的社会背景中，因此，在教育的全过程中，教育的生态环境显得尤为关键。如果我们希望为网络教育打造一个优质的生态环境，就必须持续关注学生的无意识学习，不断地激发他们的学习热情，并对学生的智力资源进行合理的保护和利用，这样才能提高学习效果。

借助认知图式的应用，我们可以更加深刻地理解背景知识和记忆组织方式在学习过程中的关键作用，从而有助于减轻学生在工作记忆方面的压力和负担。从某一角度分析，影响工作记忆负荷的核心因素主要涵盖了内隐认知负荷、外显认知负荷以及适度认知负荷；从另一个角度看，开发针对多模态和多媒体的教学工具，显著地降低了教学的外部压力，帮助学生更有效地构建教学模式和处理信息，这对于学生在网络教育环境中自主完成外语学习具有巨大的助益。

在进行潜意识学习时，多模态学习构成了整个生理和心理过程的基石。在当前的网络教育生态背景下，多模态学习并不完全依赖于词汇化的方法来获取信息。相反，人们还会尝试利用语音、动画、图像和情感等非词汇的手段来学习多模态，但这种方法相较于词汇化学习更为高效。从一方面来看，通过运用多媒体和多模态技术，我们能够调整学生在信息处理过程中的注意力机制，这极大地增强了学生对语言的吸收能力，从而显著提升了他们学习语言的效果；从另一个方面来看，学生有机会充分运用多媒体和多模态技术，这将极大地提高他们的语言交流效率。

第四节　英语课堂多元思维与教学机智培养

一、英语课堂教学中多元思维能力的培养

伴随着我国经济的飞速增长，教育领域也在持续进步。英语不仅是一门对思考能力有较高要求的学科，而且与我们的日常生活有着紧密的联系，其重要性是显而易见的。高效的学习策略能助力学生更深入地掌握知识，而多元化的思考方式则能引导学生运用各种思维策略对教材内容进行深入的分析、梳理和理解。这种方法能够帮助学生透视事物的真

实本质，理解事物间的深层联系，培养新的思维模式，识别新的问题，并找到答案，从而使学生在课堂上更加主动地参与，增强他们学习英语的积极性和主动性。

（一）授课内容生活化

教师利用生活化教学方式进行授课，具有以下好处：

第一，以生活为背景的教学方法有助于激发学生对英语学科的浓厚兴趣。由于小学生在社会经验上的欠缺，他们的知识和经验也不够丰富，知识范围相对有限，这些因素共同导致他们在学习英语方面遇到诸多困难。通过生活化的教学方法，学生可以用他们所熟知的事物来学习英文单词和短语，这不仅使学生更易于理解和接受，还为他们未来更深入地学习英语奠定了坚实的基础。

第二，采用生活化的教学方法可以有效地提高教师的授课效果。学生天生就是充满活力和好动的，因此在课堂教学过程中，学生有时会出现干扰课堂秩序的行为。然而，采用生活化的教学方法能更有效地集中学生的注意力，从而提高他们的学习效率，并进一步增强教师的教学能力。教师还可以在教学过程中，利用学生熟知的场景来指导教学方向，从而使教学过程变得更加高效。

（二）巧妙设置教学问题

设置教学问题不仅是推动课堂教学进度的关键途径，也对学生的英语思维能力产生显著影响。因此，在设计课堂内容的问题时，教师应确保问题与实际情况和课本内容紧密相连，以便激发学生进行深入的思考，并为他们的学习路径提供明确的指导。此外，教师还应该善于根据不同教学内容选择合适的教学方法，以提升教学效果。在设计问题时，教师应当善于通过针对性强的问题来激发学生的深度思考能力，而不是仅仅回答“yes”或“no”。相反，教师应该在进行简单的思考之后，进一步深入探究“why”，这种循序渐进的教学方法有助于逐步培养学生的深度思考技巧。

（三）重视教学方式的差异化

第一，进行头脑风暴，活跃思维。头脑风暴是一种能够有效激发学生思维的方法，教师可以为学生提供一个与课本内容相关的单词或短语，让学生分组自由讨论，然后以小组形式发言，这样可以培养学生的发散思维，促使学生深入思考，大胆发言。

第二，采用思维导图，放射思维。思维导图不仅是一种普遍采用的教学手段，而且其应用也有助于培养学生的放射性思维能力。当教师向学生传授了一系列的单词后，他们可以利用思维导图将这些单词连接在一起，或者利用不同的主题特点，将同一主题的多个方面连接在一起，这样既能帮助学生更好地记忆，也有助于学生培养全面的思考方式，每当涉及一个特定的主题，学生的思维就会形成一个三维的知识结构。例如，在教授“季节”这一主题时，我们可以将春、夏、秋、冬四个季节紧密地联系在一起，进一步探讨春、夏、秋、冬的季节性变化、气候条件以及服装搭配等方面，这有助于学生培养放射思维，从而更有效地掌握英语知识。

第三，启发式教学，培养学生的创新思维。在当前的英语教学环境中，教师经常扮演着指导者的角色，强调培养学生的创新思维能力。他们鼓励学生独立思考，灵活运用英语词汇，自行组织和构建句子，从而在实际操作中提高自己的表达能力，确保学生在课堂中的主导地位。同时，教师也鼓励学生多说、多读、多写，并鼓励他们自由地思考和表达自己的观点，以促进学生的全面成长。

简而言之，在如今这个新的背景之下，英语课堂已经变成了培育学生多种思维技能的核心场地。通过英语课堂的有效开展，可以帮助学生树立起正确的人生观以及价值观。因此，教育工作者应该最大限度地利用英语课堂，确保学生在课堂中处于核心位置，激发他们分享自己的看法，并培育他们的多角度思考技巧。本文将以小学英语教学为例，探讨如何在教学过程中对小学生进行多元化思维培养，帮助学生形成良好的学习习惯，促进其个性发展。只有这种方式，学生们才有可能在一个自由和全面的环境中成长，进而促使他们的英语思维实现质的飞跃。

二、英语课堂的教学机智培养

由于英语课堂教学的多元性和不可预测性，教师不仅需要拥有开阔的心态和丰富的知识储备，还应具备出色的适应和创新能力，即所谓的

"教学机智"。

教学机智是指一种能够根据实际情况的变化，以创造性的方式进行教育的能力。英语课堂教学机智表现在，在英语教学的过程中，教师能够对学生在课堂上遇到的新情况和新变化做出灵活、应变、应急的处理。出色的英语教育策略，能够激发学生对英语学习的热情和主动性；这有助于教师以一种含蓄而幽默的手法，灵活地掌控课堂教学；这有助于构建一个和谐的教师与学生之间的关系。

（一）教学机智培养方式

第一，增加底蕴。只有加强文化教育才能够促进整个社会的进步与繁荣。一个国家的发展速度受到民族文化水平的直接影响，而教育则构成了民族文化进步的基础。作为基础教育阶段重要学科之一，小学英语课堂对于培养小学生综合素养具有十分重要的作用。教育在推动我国文化进步中起到了关键作用，要建设一个文化强国，教育是不可或缺的。作为一名优秀的英语教师应具备良好的文化素质和人文素养。因此，中小学的英语教师除了需要具备坚实的知识结构外，还必须拥有深厚的文化背景，这样才能在教学过程中有效地进行教学活动，并拓宽学生的思维视野。当然，它的文化内涵也应与现代英语的教学方法保持一致。

第二，营造氛围。教育成功的关键在于教师和学生之间的相互理解和信任。在教学活动中，教师能够营造一个和谐的教学环境，从而提升学生的信任感和学习积极性。因此，在英语教学过程中，教师需要与学生积极互动和探索，确保学生能够自由地表达自己的观点，始终以学生为中心。

第三，多思多虑。在初中数学课堂教学过程当中，教师要善于引导学生多思考，多分析和总结，从而不断提高自身综合素养，促进教学质量与水平的稳步上升。任何进步都离不开深入的思考，这在教学中也同样适用。在教学过程中，教师需要深入思考，并在遇到问题时积极寻找解决方案。只有这样，当教学遇到困难时，教师才能迅速应对并解决问题，为学生提供多样化的课堂环境，从而提高学生的活跃度。

(二)英语课堂教学中的随机应变

第一,积极暗示法。在英语课堂中应用积极暗示法能够增强学生的学习积极性和兴趣,基于提高自己的预期进行学习,从而增强学习的成就感。教师应该注意引导学生正确使用暗示法。一个优质的学习环境有助于提升学生的学习成效,因此,通过利用外部环境进行暗示教学,可以实现更优秀的教学成果。教师应根据班级实际情况制定有效策略来引导学生主动参与英语教学活动。为了给学生创造一个和谐的学习氛围,我们需要对教室进行科学且合适的布局。教师应该根据不同班级的实际情况制定出相应的教学方法和策略。在开始教学之前,教师应该最大限度地利用环境因素,对学生进行积极的暗示,以提升学生的学习效能。

第二,借题发挥法。在教学过程中,我们应该充分利用突发事件,充分利用题目来激发学生的兴趣和积极性,使他们能够更好地理解问题和积极因素,从而在增强教学吸引力的同时,提高学生的学习效果。

第五节　英语高效课堂教学分析

一、英语高效课堂教学提问

想要在英语教学中将提问技巧的作用发挥出来,就要遵循以下三个基本原则。

第一,递进性原则。当学生刚开始接触英语课程时,他们对此并不太熟悉。因此,在课堂上设计的问题必须遵循基本的逐步学习原则,这样才能避免学生产生反感,并帮助他们逐步掌握更为丰富的学习方法和规律。为了达到这一目标,我们必须深入了解所有学生的学习背景,并在此基础上设计出需要逐步解决的问题,使他们逐步体验到解决问题和逐步学习知识的乐趣。

第二,趣味性原则。在进行中小学英语教学时,教师需要面对年龄在7至15岁之间的学生。在提出问题的过程中,教师必须根据学生的心理和生理特点来设计问题。如果问题总是以简单明了且缺乏趣味性的形式出现，这无疑会限制学生参与思考和回答问题的积极性。因此，在设计任何问题时，都应确保问题具有一定的趣味性，这样可以让学生更愿意参与到提问的过程中，从而使得提问教学更具实效性。

第三，启发性原则。课堂中采用提问教学法的主要目的是辅助学生的学习过程，使他们在一个轻松愉快的学习氛围中获得更多的知识和经验。我们必须清楚地认识到：提问的次数应该既少又有深度，绝对不能出现一个接一个的提问，这样可能会降低学生的学习热情。因此，教师在提出问题时应把握适当的时机，特别是在学生感到困惑或思维受限的情况下，应采用启示性的提问方式，以促使他们进行更深层次的思考，从而提升他们的英语思维能力，并增强英语教学的有效性。

在当前的新课程改革环境中，激发学生的学习热情和主动性，使他们对课堂学习产生浓厚的兴趣，并在自主与合作的学习模式中提升学习效果，已经变成了教育和教学的共同理念。对英语教师来说，高效的课堂提问是实现高效课堂教学目标的关键保障和方法。

二、英语高效课堂教学评价的优化

（一）课堂评价方式的多元化

根据具体的教学环境，教师可以选择多种课堂评价方法，如问卷调查、面对面访谈、测验等，而这些评价方式的选择主要是基于每一次的教学任务来决定的。

一是指导小组评价。强化学生的团队合作精神是小组评估方法的核心目的，通过这样的评估，学生的沟通技巧、学习能力和团队合作精神都会得到显著的提高。

二是引导互相评价。课堂评估通常分为两个主要部分：首先是对学习的评价，其次是对教师的评价。因此，鼓励学生之间的积极评价是教育者的核心职责之一。如果教师对课堂进行完全的控制，这可能会对学生的积极性和主动性产生较大的负面影响，从而不利于他们的自信和进取心的增强。

（二）课堂评价的生态化

在进行生态化的英语教学评估时，我们应该重视学生的整体成长、提高教师的综合素质以及改进教学方法，从而构建一个能够全面促进学生发展的评估体系。除了关心学生的英语知识和文化表现外，更应重视学生在其他领域的潜在能力和整体素质的进一步提高。在这样的背景之下，生态化的英语教学评估充分利用了评估的教育作用，将学生的语言学习、个性成长、在多元文化环境中的自我认知以及跨文化交流能力等因素作为评估的核心内容，旨在推动学生英语能力的进一步提高。

生态化的英语教学评估不只是关注学生的成长，同时也重视教师的职业进步。在英语教学的生态模式中，教师与学生均被视为英语教学生态的核心部分。教师可以根据学生对其教学成果的反馈，深入地对比和反思自己的教学方式，从而主动地优化教学策略，提高教学质量，并真正达到教学双方的共同进步，进一步推动教师的专业成长。

多年来，我国在英语教学评估中一直重视将教学成果与既定的教学目标进行对比，也就是基于这些预设的教学目标来客观地描述教学结构。在评估过程中，我们将主要关注那些明确且易于实施的教学行为评价。因此，在过去的英语教学评估中，过分重视学科的知识结构，把考试和测验当作主要的评价标准，而经常忽视了对学生的人文价值的评估。

在英语教学的生态模式中，教学评价从根本上颠覆了传统的评价方式，主张教学评价应秉持“价值的多样性”，并反对传统的“管理主义思维”。在英语教学的生态模式中，教学评估的焦点已经超越了仅仅关注笔头和结果，评估的内容也不再仅仅局限于考试和测验。在英语教学的生态模式中，教学评价强调学生作为教学活动的参与者和合作伙伴，在整个评价过程中应占据核心位置。在英语教学的生态模式中，教学评价成功地解决了传统评价体系中过于强调评价即测量和评价即目标实现检测的问题。

在英语教学的生态模式中，教学评价成功地克服了传统评价观点的局限性，它综合考虑了评价者、评价的内容、评价的目标以及评价的最终结果。

第一，从评价者来看，在生态化的教学评估中，除了传统的教师和教学管理部门的评价者，还涵盖了学生、家长以及其他各个领域的专家。生态化的教学评估方法鼓励评价者通过协商来建立共同的心理框架。

第二，从评价内容来看，生态化的教学评估不仅涵盖了书面的纸笔测试和人机互动测验，还整合了学生在课堂上的学习反馈、课后的学术研究反馈以及他们的学习和成长经验等多种信息。

第三，从评价目的和评价结果来看。我们可以从教师、学生以及教育管理部门这三个方面来评估生态化教学评价的目标和结果。

对教师而言，评估的目的可以被视为他们在教学策划和实施阶段的关键参照；对学生而言，评估的核心目的在于协助他们更加深入地掌握自己的学习旅程以及“多元智力发展”的方向，进而点燃他们对学习的热忱；对教育管理机构而言，评估的核心目的在于深入了解学生的智力成长情况，并从一个宏观的视角出发，对国家和地区的教育及教学方法进行调整。生态化的教学评估方法包括了测量、反馈、干预、调整教学行为以及记录学习过程等多个环节。因此，这样的评估过程并不是瞬间完成的，它更像是一个包含评价、反馈以及再次评估的不完全的动态流程。这一过程起始于评价者之间的沟通与“协商”，它依赖于多维度的信息融合和整合，其终极目标是推动学生在身体和心理两个方面得到全面的成长，这无疑是一个既复杂又漫长的探索之旅。它的主要目的是促进人类行为的持续进化，提高人们行为的自觉性和反思性，并推动教师和学生之间的共同发展。

生态化英语教学评估的主要目的是促进学生在身体和心理两个方面的全面发展。从评价方法的角度考虑，在一个生态化的教学评价体系中，形成性评价和终结性评价需要进一步平衡和整合，学生的学业表现和学习进程应被视为推动学生身心全面成长的重要因素。在英语教育的生态模型中，评价方法可以是记录学习效果，也可以是展示学习过程，或者是进行测试和水平评估。不管评估的方法是什么，其主要目的都应该集中在促进教师和学生的全面发展上。从评价的视角出发，生态化的英语教学方法打破了传统的以教师为主导的教学模式，通过教师和学生之间的平等交流，极大地激发了学生的主观积极性。

三、英语高效课堂中的双主体互动教学模式

互动式的教学方法特别强调学生的中心地位，能充分激发学生的主观能动性。在小学数学课堂上实施互动教学能够使师生之间形成良好的沟通与交流，因此，在以学生为中心的教学模式中，采用互动式的教学方法是不可或缺的。这种模式有利于培养学生的主动参与意识、合作探究意识以及创新意识等方面的能力。互动式的教学方法也有助于引导学生的主体性朝着更加深入和和谐的方向进展。这种双向互动又是师生双方都参与其中并共同促进的过程，它不仅包括课堂上教与学双边活动的相互交流，而且还包含着对课堂教学结果的反思及评价。因此，学生的主观能动性与教师的引导角色在教师和学生之间建立了一种互动的主体性联系。

（一）课前预习

要实现中小学英语课堂的高效教学，课前预习是不可或缺的，学生的主观积极性最初是通过这一预习环节来体现的。当学生接触到新的教学材料，他们能够对所学的知识有一个初步的了解，并在已有的知识基础上建立新旧知识之间的联系。如此一来，他们有能力辨识自己的困惑，提出疑问，并在一段时期内找到解决方案。尽管他们在上课前可能无法解答，但他们仍然可以携带这些疑问，在课堂中针对性地听课并答疑解惑。在课前预习阶段，学生不仅需要进行自我感知和体验，而且还需要教师作为教师和学生互动的另一个重要参与者，给予积极的鼓励和指导。只有当教师充分发挥其主导角色时，预习活动才能达到既定的教学目的。另外，安排的预习任务必须有清晰的层级结构，每一个层级都应深入到核心内容，并与之紧密结合。各个层次的学生在预习过程中都有特定的任务要完成，这确保了学生在预习时的主观积极性得到了最大化的展现。另外，当教师收到学生预习成果的反馈，这将帮助他们更精确地设定课堂教学的方向。

（二）课程与教学资源的整合

我们应该把学生掌握的各个学科的知识看作一个连续的体系，并确保课程内容与教材之间的紧密结合，以满足各种学生的特定需求。整合各种资源不仅仅是依赖教科书，更重要的是将学生放在中心位置，真心实意地认为他们是具有主观能动性的独立个体。鉴于学生当前的情感掌握和语言技能，教育者可以构建一个融合语境、语用和语义的教学环境，并对教学材料进行重新设计，从而达到提高课堂教学成果的目的。

首先，整合教学资源并不是随意的行为，而是需要在一个合适的界限内进行，以确保教学资源能被自然和适当地展示出来。通过搭建一个既合适又真实的生活背景，我们有能力激发学生的探索欲望，点燃他们对学习的热忱，并为整个课堂环境带来更多的活力。在一个全面的学习背景下掌握语言，不仅能够激发学生的学习热情和自主性，增加他们的参与度，还有助于达成特定的语用目的。

其次，整合各类教学资源的目的不仅仅是构建教学场景，对教学文本的重构也是非常关键的一步。在英语教学环境中，教授的内容主要是语言文本，而如何有效地组织这些语言文本成为决定一门课程是否能够成功的关键要素。在进行高品质的文本重构时，我们应该注重教学内容中各个横向模块的逐渐深化，以及对纵向语言知识的持续刷新和再现。此外，学生所学习的课程构建了一个全面的教育和教学体系。教师不仅有能力整合一个学科内的各种资源，还可以通过跨学科的方法来整合这些资源，并利用其他学科的知识来辅助本课程的教学过程。

（三）问题教学法

在传统的教学模式中，当问题被提出或解决时，教师通常会亲自进行指导、口头表达，而学生往往只是被动接受。至于学生能够接受的具体数量，我们实际上还没有确切的了解。在双主体互动的教学模式中，学生的主体性得到了强调，这种主体性主要体现在他们提出并解决问题的能力上，因此，教师有责任为这些问题的提出和解决提供有力的指导和帮助。在执行问题教学法的过程中，教师有责任营造一个鼓励问题提出的氛围，以激发学生的学习热情，吸引他们的关注，并激励他们积极地提出疑问。

在教师的引导之下，学生有能力解决各种问题，并在最终阶段对这些问题进行综合总结，从而为下一轮问题的提出和解决打下坚实的基础。在这一过程中，学生的主观能动性得到了充分的激发，解决问题的能力也得到了一定程度的提升，他们不再是被动地接受知识，而是变成了知识的主人，实现了从“要我学”到“我要学”的转变。在现代社会中，教师的角色已经超越了单一的身份，他们与学生之间建立了紧密的合作关系，共同进行歌唱和表演活动。采用问题导向的教学策略确保了教师与学生之间的主体性得到充分展现和相互激励，进而在课堂上创造了一个和谐而愉悦的学习环境。

第二章　中小学英语教学理论

英语,作为一门与语言相关的学科,只有在充分理解的前提下才能被有效应用,从而实现在日常交流中的出色沟通效果。因此,为了激发学生对英语学习的热情和兴趣,有必要深入了解和掌握相关的教学理论,这样才能有效提升英语课堂的教学质量。这一章节详细解释了交际教学法理论、任务型教学法理论、情境教学法理论、语言输入理论、建构主义理论以及合作学习理论。

第一节　交际教学法理论

一、交际教学法的含义

交际教学法(The Communicative Language Teaching)是以社会语言学理论、心理语言学理论为基础,在不同语境中,相同的语法结构有不同的功能。

语言往往用于交往和交际,其交际能力反映其功能和用途,因此,语法和结构都应反映话语的功能和交际意义。

语言技能:为了更好地传达意义,学习者需要熟练掌握词汇和句法等相关知识。

社会语言技能:掌握目标语言的社会文化背景可以帮助学习者在交流中确保话语的恰当性,并了解如何向对方提问以及如何利用非言语的交流方式来实现交流目标。

语篇能力:在语言交流的过程中,无论是语言的输入还是输出,交际者都需要具备对语篇的感知和处理能力,这样才能对之前听到或读到的句子和句群进行意义的解码，从而形成意义的表征。

策略能力：当学习者在语言技能、社交语言技能和篇章结构方面的知识不够全面时，可以通过策略能力来进行补充。

显然，为了满足交际语境的特定需求，交际者应当选择合适的词汇和句法结构来表达正式和非正式的语体。他们可以利用语音和语调来传达意图，并结合有效的肢体语言，例如面部表情和身体动作，来实现有效的交流。

二、交际教学法的特点

（一）教学过程交际化

教育活动的核心是以学生为焦点，确保他们能够深入了解所学语言，并鼓励他们在实际交流中使用该语言国家的居民所使用的语言。因此，外语教学必须遵循这一基本原则，注重培养学生的自主探究能力。教师有责任为学生营造一个真实的学习环境和外语学习氛围，激励他们以积极和创新的精神去掌握和运用语言技能。此外，教师应帮助学生理解话语意义，引导他们将英语作为交际工具来使用。在进行口头交流的过程中，学生不仅要确保语言表达的准确性，还需要确保其与说话人的实际情境、身份等多个因素相协调，并适当地使用外语。

（二）不苛求纠正语言错误

在语言学习的旅程中，语言错误在学习母语的过程中起到了“中介语”的作用，代表了语言学习在不同阶段的进步程度。当语言从“中介语”逐步进化到完美状态时，与之对应的语言错误也会逐步得到修正。因此，在进行外语教学时，我们应当让学生的注意力主要集中在言语交流的内容上，而不是过分关注语音、单词、语法或句子结构等特定的语言错误，这样可以避免纠正这些错误导致学生的言语交流思路被打断，从而影响他们的言语交流积极性。为了更好地培养学生的口头交流能力，教育者应该鼓励他们主动参与到口头对话中，并激励他们勇敢地阐述自己的看法。然而，对于那些有可能妨碍交流和理解的误解，我们有必要给予特别的关注并采取相应的纠正措施。

（三）不排斥讲解语法，也不排斥母语和翻译

交际教学法持有反对的立场，既不主张将语法作为教学的中心，也不反对教授语法。它所坚持的立场是，当我们分析具有相似功能的不同结构时，采用语法解释方法是非常有助益的。在教授外语的过程中，翻译法遭到了一些质疑，这是因为它可能会导致学生将外语的某一部分和母语的某一部分简单地视为相同。交际教学法是基于以功能为中心的理念构建的，一个特定的功能或思维可以通过各种不同的途径来呈现。一旦学生们掌握了这一概念，他们就不会轻易地在外语与母语之间做出划分。一旦我们排除了这种不利条件，就可以更有效地使用我们的母语和翻译了。

（四）交际教学法强调以学生为主，而不是以教师为主

从学习者的实际需求出发，我们精心策划了教学材料，旨在让学习者接触到尽可能多的地道语言，而不仅仅是语法知识；在教室环境中，学生应当主动地投入学习，而不是受到教师的操纵。身为一名教师，他们有责任为学生营造和展示一个真实的沟通环境，使他们能够主动且自由地运用语言。因此，为了使教学过程更加强调交流，教师在课堂教学中经常采用语言游戏、角色扮演、故事叙述、情景模拟和问题解决等多种教学方法。

第二节　任务型教学法理论

一、任务型教学法的含义

任务型教学（Task－based Language Teaching）起源于 20 世纪 80 年代，它是一种以任务为核心的外语教育方法。这代表了交际教学观念的进一步刷新和教学方法的更新，旨在将语言应用的核心思想转变为具有实际应用价值的课堂教学策略。它以设计、执行和完成“任务”为教学的主要手段和目的，把学习者个人的经历作为课堂教学的重要因素，关注学

习者的学习过程。[1] 任务型教学方式与其他的交际教学方法的显著差异是,它更偏向于采用有明确目标的“任务”来帮助语言学习者更加积极地掌握和运用语言。这一观点突出了语言学习者间沟通的核心作用,同时也强调了富有深度的语言内容和语言教育交流的关键性。

以任务为中心的英语教育方式被定义为任务型的教学方法。这是一种特定的教学策略,其中,教师与学生利用英语进行深入的对话、沟通和意义创造,其核心目标是帮助学生根据他们的成长需求来完成一系列的教学任务,并通过实际的英语应用来达成他们的学习目标,从而加强跨文化的交流和创新能力。

二、任务型教学法的特点

纽南总结了任务型教学的五个核心特点,分别是强调通过有效的交流来掌握交际技巧;将真实的素材融入学习的环境中;学习者不仅仅是在语言学习上投入精力,他们还对整个学习过程持有深厚的关心;视学习者的个人生活经历为课堂学习的珍贵资源;努力将课堂内的语言学习与课堂外的语言活动结合起来。从整体角度看,任务型教学的主要目的是为学生提供尽可能多且内容丰富的知识资源;要确保学生对他们的学习目的有明确的了解。它的核心功能是使语言教学过程更加强调交流的重要性,为课堂活动确立清晰的方向。

三、任务型教学法的基本要素

(一)目标

就像我们在日常生活和工作中所肩负的责任一样,教学任务首先需要有一个明确的目标导向。如前所述,这个目标呈现出双重特性:一方面,它是一个旨在达成的非教育目的的任务;另一方面,它是一个通过完成任务来达成既定教学目标的途径。

① 陈静,陶丽坤.英语实践教学反思[M].成都:电子科技大学出版社,2017.

（二）内容

这项任务的关键内容可以简明扼要地概述为“我们需要完成哪些任务”。每项任务都应被赋予具有实质意义的内容，而这些内容在课堂环境中的具体表现就是需要执行的具体行动和活动。

（三）程序

程序指的是学习者在完成特定任务时所遵循的具体操作方法和流程，这在一定程度上体现为“如何进行”。任务教学法是一种以学生学习行为为中心而设计的教学方法，强调教师要帮助学生建立正确的思维方式，引导他们通过对各种情境问题解决过程的分析理解来获得知识与技能。它包括了任务序列中特定任务的具体位置、顺序以及时间的分配等各个方面。

（四）输入材料

输入材料指的是执行任务过程中所需要或依赖的辅助性信息。在刑侦工作中，我们经常遇到一些需要借助文字、图片或者其他形式进行描述的线索。正如先前提到的“案件侦查”任务，该任务需要在多张纸条上打印出一系列的线索。这些线索之间相互关联，共同构成了一个完整的犯罪链，其中最关键的就是一条线索能够帮助侦查人员迅速地找到犯罪嫌疑人并将其绳之以法。这项任务首先从第一个线索的逻辑推理和讨论开始，当无法得出明确的结论时，会逐渐增加更多的线索，直到事情的真相被揭露。在此过程中，输入材料起着至关重要的作用。所输入的资料可能以语言的方式呈现，如新闻发布、出行手册、产品操作手册、气象预测等；也可以采用非口头的方式，如一系列的照片、图像、漫画、交通导览、火车的时间表等。这些非言语输入材料都能为教师带来一些启发。尽管有些课堂任务可能不总是基于特定的输入材料，但在任务设计阶段，我们通常会鼓励提前准备和提供这种材料，这样可以使任务的执行更加实际，并与教学过程更加紧密地结合。

（五）教师和学习者的角色

尽管不是每项任务都要求明确教师和学生在执行过程中的具体角

色，但这些任务都有可能暗示或反映出教师和学生各自的角色特质。教师在教学中起着非常重要的作用，而在教育活动中扮演什么样的角色则取决于他所具有的知识技能、个性特征以及对任务本身理解的程度等因素。教师不仅可能是任务的一名参与者，同时也可能是任务的监控者和指导者。在任务的实施阶段，教师还能与学生一起合作，共同解决实际问题。在设计任务时，设计师应深入思考如何为教师和学生明确他们的职责和角色，确保任务的执行既流畅又高效。

（六）情景

任务所涉及的情境元素包括任务产生和执行的环境或背景条件，这包括语言交流的语境，同时也涉及课堂任务的组织方式。在英语教学中，教师要注意从不同角度创设合适的教学情境。在制定任务的过程中，我们应该致力于让情境更接近实际情况，这有助于加强学生对语言和语境之间联系的理解。

四、任务型教学法的实施原则

（一）形式/功能原则

传统的语言培训方式有一个显著的不足，那就是语言与其真实的语境和功能之间存在断裂。这种状况严重影响了学习者在交际过程中使用语言表达自己的目的与意图。虽然学生们或许对多种语言的形态有所认识，但利用这些方法来准确传达其深层含义和功能仍然是一大挑战。

（二）连贯性原则

这一原则深入研究了任务之间的互动关系，并详细描述了如何在课堂上实施这些建议的任务，旨在确保所设计的任务在执行过程中在教育和逻辑上都能达到流畅和连贯的效果。通过对大学计算机基础课程进行分析和研究后发现，将项目式教学法应用到高校计算机教育中是可行且有效的方法。在一个以任务为核心的教学模式中，一个课程内的多个任务或一个任务的多个子任务应该是相互关联的，并且具有一致的教学目标或方向,同时在内容设计上也应该实现无缝对接。

(三)趣味性原则

机械性和重复性的任务类型可能会使学生对参与这些任务失去兴趣,因此,任务的形式应该是多样化的。如果任务中存在一些有趣、新奇且能激发学生学习兴趣的内容,那么教师就可以通过设计不同难度的活动来增强任务的趣味性,从而提高课堂效率。值得强调的是,任务的吸引力不只是来自任务本身,它还受到许多其他因素的影响。

五、任务型教学法的实施要求

(一)任务的选择

在为课堂任务进行规划时,教师必须确保这些任务既有足够的挑战性,同时也有清晰的目标方向。否则就难以保证学生能够顺利地完成这些任务。若任务设置得过于简略且缺少足够的挑战性,学生们可能会失去对参与这些活动的热忱,并有可能无法从这些活动中吸取有意义的知识;反之,如果任务比较复杂又具有挑战性的话,则有助于提高学生完成教学任务的能力和信心。当一个任务的难度达到很高的水平,可能会消耗大量的课堂时间,尤其是可能会降低那些学习困难学生的自信心。因此,教师要设计一些有趣且易于理解的任务来提高课堂效率,使之更加适合于学生。在挑选教学任务的过程中,我们必须高度重视学生的兴趣点,因为这些兴趣不仅能激发他们的探究欲望,还能协助他们将这些兴趣有效地整合到课堂任务的实施之中。同时,教师还必须充分了解不同情景下的人对事件的认知方式以及他们各自所持有的价值观。因此,在这个教学环节中,教师在准备任务时需要考虑以下几个方面。首先是实际的生活场景,例如预订机票、租赁住房、填写表格、填写支票、购买衣物、度假、借阅图书、听新闻、听取天气预报,然后根据这些信息来决定自己的出行计划。其次,教师要根据每个具体情景设计不同的活动内容,比如参观博物馆、观看电影或者其他娱乐方式等,以此来调动学生的积极性。通过观察这些日常生活中的场景,教师能够引导学生进行实际操作,并学习如何有效地应对和处理各种不同的情境。

(二)任务的呈现

任务的呈现象征着以任务为中心的课堂教学模式的开始。因此,课堂上教师应根据不同类型的教学内容选择恰当的展示内容,使之符合教学要求和认知水平,从而促进教学效果的提升。该展示的主要目的在于协助学生从课程一开始就明确需要完成的各种任务,并在这些任务的推动下,培育他们的语言知识和基本语言技能。本书结合笔者多年的工作经验,针对初中英语课堂上如何进行有效的任务展示提出了一些建议与对策。一个出色的展示技巧可以点燃学生的学习激情,并增强他们的学习主动性。为了展示教学任务,学生可以采用提问、图片、哑剧、歌曲或多媒体动漫等多种方法。此外,通过模拟真实的生活场景,也能有效地激发学生对教师设定的教学任务的浓厚兴趣。

(三)任务的实施

在完成教学任务时,教师应该将这些任务细分为各种不同的课堂互动和交流活动。本书从教学实践出发,以社交礼仪与人际沟通课程为例探讨如何通过多种教学方法来实现对课堂教学效果的提高。我们的目标是鼓励学生在社交场合中使用外语,让他们体验到外语交流所带来的快乐,并进一步增强他们的语言交流技巧。根据不同类型的课堂教学特点,可把课堂分为合作型、探究型及互动型三种模式。在课堂活动中,常见的种类有结对互动、小组交流、角色模仿、哑剧演出、面对面对话、内容重述、辩论和公开演说等。

(四)任务的完成

任务完成后的成果为学生提供了自我评价的标准,并激发了他们的成就感,也使他们明确自己的不足,提高自信心,这会为未来的学习注入更多的激情和动力,同时也能让学生意识到自己的不足,增强自信心。此外,教师具备迅速收集学生反馈的能力,这有助于他们了解学生在多大范围内掌握了他们设定的任务、需要的信息、关键点和技能,从而能更有效地进行信息检索和补充。

第三节　情境教学法理论

一、情境教学法的含义

情境教学法是一种独特的教学策略。在这种方法中，教师会根据课文中描述的各种场景，设计出形象而生动的投影图像。这些图像将与生动的文学语言相结合，并利用音乐的艺术感染力来再现课文中描述的情景和表象。通过这种方式，学生可以感觉到仿佛听到了声音，看到了那个人，置身其中，身临其境，从而调动起学生学习的积极性和主动性，加深对课文的理解和感受。在这种特定的环境和背景下，教师和学生们进行了一次情境融合的教学活动。它不仅能让课堂充满生机活力，还有利于提高课堂教学效率。因此，情境教学法在培育学生的情感、激发他们的思维能力、刺激他们的创意思维以及推动其智力成长等多个领域都展现出了其不可替代的优点。

二、情境教学法的特点

情境教学法具有显著特性：首先，它的形象非常生动；其次，它的情感深沉且持久；最后，它将知识、情感、意图和行为完美结合。

情境教学法强调“情趣”和“意象”的重要性，为学生提供了一个宽广的想象空间。这种教学方法的广泛性有助于学生更深入地理解和掌握教材内容，同时也能激发他们的想象力。

情境教学法的目的是创建特定的教学环境，它运用了多种方法，包括生活展示、实物演示、音乐渲染、直观再现、角色扮演和语言描述等。这些教学方法的目的是引导学生进入特定的学习环境和一系列不同的情境，以激发他们内心的情感和感受，并协助他们战胜各种形式的挑战和阻碍，从而确立明确的学习目标。利用这一方法，学生有能力将他们的知识、情感、思维和行动融合为一个完整的体系。

三、情法教学法的理论依据

(一)情绪心理学

情法教学法的核心理念是在教学过程中激发学生的积极和健康的情感反应,这样可以直接提高学生对学习的热情,使得学习过程变得更加愉快和主动。情感在提升认知过程中扮演的角色,为我们开辟了一个全新的视野,以解决目前中小学生普遍存在的学习热情不足的问题。情感的调节功能涉及情感是如何组织或解构认知活动的,换句话说,中度和愉快的情感状态对于智力活动的组织和实施都是有利的。无论是情感的强烈或微弱,还是情绪的高涨或低沉,都可能导致思维混乱和记忆上的困难。情境教学法旨在为学生打造一个轻松、愉快、宁静且焕发活力的学习氛围,进而促进学生的心理过程更为深入和全方位地展开。在真实的课堂教学环境中,一个充满活力和快乐的学习氛围是达到优秀教学效果的核心要素。当学生情绪高涨并充满热情时,这通常是他们吸收知识和进一步加深理解的时刻。

(二)思维科学的相似性原则

相似性原则阐明了事物之间的统一性,这是一个普遍适用的准则,并为情境式教学提供了坚实的理论基础。情境的核心是形象,因此,在模拟情境教学时,我们应该以课文描述的形象和教学所需的形象为研究对象,并确保情境中的形象与学生的实际知识和经验保持一致。情境教学法的核心思想是在教学过程中融入或设计众多生动的场景,这不仅可以为学生提供更多的感知对象,还可以增强他们大脑中的相似部分(知识单元)。这种方法不仅可以激发学生的创造力,还有助于培养他们的相似思维能力。

四、创设情境的方法

在英语的教学过程中,我们倡导采纳那些既重视学习流程又能显著提高学生学习效果的教学策略和途径,目的是为学生创造在真实环境中使用语言的最佳机会。因此,教师在教学过程中应根据学生的成长阶段和吸收能力来构建真实的英语学习场景,以此激发他们参与课堂的热情。为了构建语言环境,教师可以考虑以下两种方法。

(一)用英语上课,创造良好的英语环境

在目前中国的大环境下进行英语教育时,汉语教学环境和英语学习之间存在的冲突是一个主要的问题。在进行英语的教学时,教师应该尽量采用英语作为主要的授课语言。这样的教学方法有助于为学生打造一个浓厚的英语学习氛围,确保他们在学习过程中始终使用英语进行思考。这代表了一个真实的语言背景,其他手段很难替代它。在开始的第一个课时,教师应当教授英语,而不是迎合学生的喜好。随时间流逝,学生将逐步养成“利用实际情境来深入理解英语”的良好习惯。

(二)通过角色扮演,创设故事情境

学生可以通过角色扮演来深度体验,这也是一种构建情境的方式。教师有能力根据教学材料以及学生的日常生活体验和基础知识,引导他们扮演多种不同的角色,以便进行有效的对话和表演;除此之外,还可以制作一些简单的道具,并利用讲台作为舞台,让学生们进行小话剧的表演。另外,随着学生年龄的逐步增长和所掌握知识的积累,采用语言进行情境式的课堂教学变得越来越重要。这个方法的核心思想是利用语言来描绘特定的情境,从而激发学生的情感和想象力,使他们能够更加深入地体验这些情境。

第四节　语言输入理论

一、情感过滤假说

在情感过滤假说(The Affective Filter Hypothesis)中,克拉申强调:在外语习得过程中,足量的语言输入并不能确保外语习得的顺利进行;学习者的态度、自信心、动机和焦虑感等都会在一定程度上制约其接受语言输入的速度与程度。换句话说，学生的情感状态对于他们是否能够习得语言起到了关键的作用。当学习者拥有清晰的学习目标、强烈的自信心和学习的积极性，再加上适度的焦虑感，他们在情感过滤方面的能力通常会相对减弱。基于这样的前提，他们更倾向于接受语言的输入，否则，他们所接受的语言种类也会随之减少。换言之，如果学生对英语产生了强烈的兴趣，并设定了明确的英语学习目标，从能够流畅地演唱英语歌曲或观看英语影视作品，到能够与外国人进行日常的对话和交流，那么他们学习英语的积极性将会超过普通学生。在英语学习的旅程中，他们展现出的成效明显超越了那些缺少学习激情的学生。

二、克拉申语言学习理论对外语教学的启示

克拉申的语言学习观点主张，“可理解的输入”是发展语言技能的最优路径，输入的数量越多，对语言能力的塑造就越有利。这一理论进一步强调，在掌握语言的旅程中，人们的接受性语言技能（如听和读）远超过他们的表达性语言技能（如说和写）。因此，我们应当优先培养“输入”能力，也就是听和读。只有当输入量达到一定水平时，我们才能实现口头和书面的“输出”。这一理论特别强调提高阅读的数量，并主张学生每天应坚持进行10—30分钟的泛读，因为阅读那些具有吸引力的内容对于掌握语言是非常有助益的。这与我国唐代伟大的诗人杜甫曾经描述的“读书破万卷，下笔如有神”是一致的。

（一）学生第一，教师第二

输入理论明确表示，一个完美的输入应该具备四个主要特点：可理解性；不仅充满了趣味，而且彼此之间也有着紧密的联系；不遵循语法规则的程序设置；有必要提供大量的输入资料。在外语教学过程中，我们应当高度重视学生的核心地位，优先考虑他们，而教师的角色则相对较弱；在强调信息输入的时候，也应该给予学习者输入足够的重视；我们倡导学生投身于独立且充满创意的学习过程中；高度注重激发学生内在的学习积极性；关注学习者是如何进行学习活动的；提倡团队协作的学习方法；高

度重视学习者的学习动力和他们所取得的学术成就。

(二)重视课堂教学的质量

克拉申持有这样的看法：对初学者来说，即使他们身处一个合适的学习环境中，但如果他们接收到大量的不理解的输入和听不懂的内容，这实际上是在浪费宝贵的时间，并可能使他们失去自信。根据他的观点，我们应该高度重视课堂教学，因为在最理想的输入条件中，有两个条件是极其重要的。首先，是可理解性。为了帮助学生更深入地理解所输入的信息，在教学过程中，教师必须特别关注，确保学生的发音清楚且语速适中；更倾向于使用日常常用的词语，而较少采用不太常见的词语；更频繁地采用标准化的表达方式，同时减少俚语的应用；建议我们更倾向于使用简明扼要的句子，而避免使用过于复杂的表达方式；向学生推荐难度合适的阅读材料。其次，所提供的内容应该能够点燃学生的学习激情。在教师进行讲解的过程中，他们所输入的内容应该是从基础层面到高级层面，从简单到复杂，其中也包括了演讲和阅读材料的提供。因为学习的难度太高，学生可能会被迫用汉语来理解内容或频繁分析语法结构，这样虽然可以更好地掌握词义和句义，但不利于用外语来思考，这无疑会降低学生的学习热情。当学生面对过多不熟悉的词汇时，他们可能会更频繁地翻阅词典以更深入地掌握其意义，这种做法可能会减少他们的学习兴趣。这一观点与克拉申的“i+1 理论”相吻合，只有在适当的难度下，学习者才能积极地去掌握外语。

(三)重视情感教育

“情感过滤假说”给教师带来的最大帮助在于它可以使学生迅速地融入课堂教学中，帮助教师明白为何在相同的环境中，某些学习者表现出色，而另一些则表现不佳。教育从业者必须高度关注激发学生的情感潜力，因为掌握一种新的语言所遇到的困难可能会在学生的内心产生心理障碍，如焦虑和抑郁等，而这种心理压力越大，语言信息的传递就越困难。许多中国学生的性格偏内向，他们非常看重面子，并且在学习外语的过程中害怕出错，这经常使他们错失了宝贵的学习时机。在开展外语教学时，教育者应该帮助学生减少他们的焦虑情绪,更多地给予他们鼓励,而不是过多地批评他们。面对学习进度缓慢的学生,我们实施了独特的教学方法,旨在帮助他们建立学习外语的自信心,鼓励他们更加积极地参与社交活动,减少犯错的可能性,战胜羞怯的情绪,并减少他们的监督意识。除此之外,影响学生输入的因素还涵盖了他们的学习动机、学习态度以及自信心等方面。大多数人都有这样的看法:一个性格积极、自信满满的学生会主动与说外语的人互动,勇敢地与他们交流外语,从而获得更多的知识输入。身为一名外语教师,我们有责任高度重视激发学生的学习热情,培养他们正确的学习观念,并确保学生的学习筛选过程始终保持在最低水平,以便他们能够吸收更多的知识,并为他们未来的学习成就奠定坚实的基础。

(四)正确使用语法

克拉申所提出的"自然顺序假设"其实是"自然习得语法顺序假设",但这个假设并没有特别强调语法的核心地位。他坚信,在外语的学习过程中,语法的角色并不是至关重要的,这种观点主要是为了纠正关于过分强调第一语言的干扰效果的误解。根据克拉申所提出的"监察假设",语法在外语教学中应当主要起到监督的作用。在外语教育中,一个主要的目的是鼓励学生恰当地运用语法规则,确保他们在不影响正常沟通的情况下,能够最大限度地挖掘自己的能力。比如说,如果学生在写作时有充足的时间来遵循语法规则,那么他们可以被鼓励努力使自己的创作更加完善。当对话中的监控系统出现故障时,外语教师应当更多地鼓励学生进行讲解,而不是仅仅受到语法规则的限制。

(五)合理使用母语

根据克拉申所提出的"自然习得语法顺序的假设",学习者在学习外语的过程中,他们的母语和外语在掌握语法顺序方面基本保持一致。他重新审视了第一语言在第二语言教育体系中的核心地位,并对以往过分强调第一语言在第二语言学习过程中可能产生的干扰效应的观念进行了修订。在中国,绝大多数的外语学习者都是在汉语环境中进行外语学习的。如果把汉语视为学习外语的障碍,并在教学过程中禁止使用汉语,那么在某些情况下，这将不可避免地影响大量的语言输入和输出。我们之所以学习外语，并不是因为我们忘记了汉语，而是因为我们希望通过学习汉语来更加深入地理解和掌握外语。在教授外语时，适当地运用汉语可以帮助学生更快速、更高效地掌握外语，进而提高他们学习外语的速率。

（六）重视习得和学习相结合

克拉申认为，第二语言的流畅性不是通过遵守特定的语言规则来实现的，而是需要在适当的学习环境中逐步培养出来。鉴于中国当前的外语教育状况，学生在真实的外语学习环境中很难完全掌握外语。他们所掌握的外语技巧主要取决于在课堂上的精确学习，这对他们来说，学习和习得都是极其关键的。很明显，作为一名外语教育者，我们应该致力于创造并最大化地利用外语学习的氛围，确保学习与掌握能够更加紧密地结合在一起。

克拉申关于第二语言学习的理论可以概括为两个核心观点。首先，学习的重要性远远超过单纯的学习；其次，要想真正精通语言，有两个核心条件是绝对必要的。一是能够理解的语言材料（如果是已经理解的话，那会更好）应该是“i＋1”，也就是说，它应该稍微超过学习者当前的能力水平。二是我们应当努力降低心理上的障碍，确保所有的语言信息都能被整合进来。

在非母语环境中学习外语和获取知识是一种不可替代的学习方式。因此，对初学者来说，学校提供的学习环境是最理想的，这甚至超过了他在国外母语环境中的自然学习体验。教师需要具备确保学生接触到的所有内容都是“容易理解的输入”的能力，这是基于学生的实际能力。

第五节　建构主义理论

一、建构主义理论的含义与教学设计原则

（一）建构主义理论的含义

建构主义（constructivism）也被翻译为结构主义理论（结构主义即

structivism，两者之间既存在联系也存在差异），它是认知心理学的一个重要分支。在建构主义的理论框架下，图式被认为是一个中心思想，它阐述了个体是如何感知、解读并对这个世界进行思考的。这同样可以被认为是心理过程中的核心结构或组织框架。图式不只是认知结构的初始点和核心，它还可以被认为是人类理解事物的基础。因此，图式的形成和发展是认知进步的关键，这种认知进步是由同化、适应和平衡这三个过程共同推动的。

（二）建构主义理论的教学设计原则

在过去的几年里，教育技术领域的权威专家们进行了大量的研究和尝试，他们的目标是构建一个与建构主义学习理念和建构主义学习背景相匹配的创新教学设计理论和方法框架。尽管建立这样的理论结构是一项极具挑战性的任务，但在有限的时间里将其付诸实践是不切实际的。然而，它的核心理念和主要标准已经变得日益明确，并已在指导基于多媒体和互联网的建构主义学习环境的教育设计中得到实际应用。以下是建构主义在教学设计中所遵循的基本原则。

1. 强调以学生为中心

在教学设计过程中，确立“以学生为中心”的教学理念具有至关重要的指导意义，因为无论是从“以学生为中心”的视角还是从“以教师为中心”的视角来看，都会产生两种完全不同的设计成果。在探讨如何真正落实以学生为中心的教育观念时，建构主义提出了三个方向的努力。首先，在学习过程中尽可能激发学生的积极性；其次，展示学生的创新精神；最后，我们的目标是为学生创造各种可能性，让他们在多种环境中应用所学知识，实现知识的“外部化”。我们希望学生能够根据自己的行为反馈来理解外部环境，并据此制定解决实际问题的策略，从而实现自我反馈的目标。

总的来说，体现以学生为中心的三个要素，即发挥首创精神、将知识外化和实现自我反馈。

2. 强调“协作学习”对意义建构的关键作用

从建构主义的角度看，学习者与他们所生活的环境之间的相互作用，在解读学习内容(构建知识的深层含义)上,起到了不可或缺的作用。这一观点是建构主义哲学中的核心思想之一。在教师的组织和引导下,学生们共同参与了讨论和交流,成功地建立了一个学习群体,并成为这个群体的一部分。在这种类型的群体中,所有人都以批判的态度审查了各种不同的观点、立场、信仰和假设。在开始协商和辩论之前,首先需要进行内部的协商,也就是与自己讨论哪种观点是正确的,然后是相互协商,即对当前的问题提出自己的观点、论据和相关材料,并对他人的观点进行分析和评论。在这样的合作学习氛围里,所有的学习者,无论是教师还是每位学生,都有机会分享他们的思考和才智。换句话说,一个完整的学习群体有能力共同构建所学知识的意义,而不是仅仅依赖其中一个或几个学生来实现这一目标。

3.强调利用各种信息资源来支持"学"

为了激励学习者积极地去探寻和构建意义,在他们的学习旅程中,我们应该为他们提供丰富的信息资源,这包括多种教学媒介和教学材料。在这个环境下,这些媒体和资料的应用不是为了辅助教师进行教学或展示,而是为了推动学生的自主学习和团队合作探索。在研究信息资源的获取途径、来源以及如何更高效地使用这些资源时,教师在积极探索过程中所给予的支持变得尤其关键。

4.强调学习过程的最终目的是完成意义建构

为了激励学习者积极地去探寻和建构意义,在他们的学习旅程中,我们应该为他们提供丰富的信息资源,这包括多种教学媒介和教学材料。在课堂教学活动中,多媒体是必不可少的辅助工具之一。在这个环境下,这些媒体和资料的应用不是为了辅助教师进行教学或展示,而是为了推动学生的自主学习和团队合作探索。因此,教师必须对这些教学资源有一个全面而深入的认识。在研究信息资源的获取途径、来源以及如何更高效地使用这些资源时,教师在积极探索过程中所给予的支持变得尤其关键。

二、建构主义教学策略

（一）抛锚式教学（Anchored Instruction）

这种教学策略应该是基于富有感染力的实际事件或问题来设计的。当这类实际发生的事件或问题被清晰地定义为“抛锚”，这意味着一旦这些事件或问题得到了确认，整个教学内容和流程也将随之建立，就像轮船被锚定一样。从建构主义的角度看，为了更深入地掌握知识的核心、固有规律以及其与其他事物之间的关系，学习者应当深入真实的世界去体验和感受它，而不是仅仅依赖他人（例如教师）来分享和解读这些体验。

（二）随机进入式教学（Random Access Instruction）

通过从多种不同的角度进行思考，我们能够获得多种多样的解释和理解。为了克服这方面的挑战，在教学活动中，我们需要根据相同的课程内容，在多种不同的时间和环境下，依据各种不同的教学目的，运用多种不同的方式来进行教学展示。换句话说，学习者可以通过各种不同的途径和方法来学习相同的教学内容，从而在多个层面上对相同的事物或问题有更深入的理解和认识，这种方法被称为“随机进入教学”。显然，当学习者多次深入学习相同的课程内容时，他们能够对这些知识有更深入和全面的理解与掌握。这种反复的参与方式，并不仅仅是传统教学方法中为了加强基本知识和技能所做的简单重复。在这里，每一次的访问都有其特定的学习目的和不同的焦点问题。因此，持续的学习不只是对同一知识点的简单重复和加固，更为关键的是，它能助力学习者更为深入地洞察和理解事物的整体面貌，从而实现知识的巨大飞跃。

三、建构主义的局限性

（一）教师及知识传递的作用被忽视

“并不是每一项知识都是由认知主体被动吸收而形成的，它们更多地是由认知主体主动构建和塑造的。”基于此观点，建构主义强调认知主体应具备自我学习的积极态度，并主张在缺乏学习者主动参与的前提下，知识是不可能从他人处传达给认知主体的。然而，在深入掌握了这一教育思想之后，大量的教育者坚定地认为建构主义教育的中心思想是“以学生为中心”，并坚信学生是知识的创造者。因此，在教育和教学活动中，很多教育者过于偏重于建构主义的观点，过分强调学生在学习过程中的积极参与和知识构建，这导致了他们忽视了教师在课堂教学中的辅助作用。

（二）过分重视意义建构

从建构主义的角度看，“意义建构”不只是学习旅程中的最终追求，同时也是充满挑战的。因此，教育者们高度认识到意义建构在教学过程中的核心地位。在学习过程中，知识经历了不断的演变和发展。当学生在自我建构过程中出现偏差，教师应该迅速识别并提供适当的指导，帮助学生调整自我建构，最终实现正确的知识建构，这才是课堂教学的真正价值所在。如果教师不能及时识别并纠正学生的错误观念，从而使学生走上偏离正轨的道路，那么他们最终可能会记住这些错误的知识，并在学习或实际生活中加以应用。在建构主义的理论框架下，教育过程中出现了一个突出的问题，那就是有限的学习时长与无尽的知识资源之间的矛盾。如果只允许学习者自主地进行知识的学习和建构，那么在课堂上花费的几十分钟时间是否已经足够充分？为了规避无目标和效率低下的学习模式，学习者应在规定期限内独立地建构一个合适的知识结构？在教学过程中，当教育者采纳建构主义的观点时，对这些议题的关注和重视是至关重要的。

（三）过度使用建构主义理论，不利于常识性知识和实际知识内容的学习

从建构主义的角度看，学习是一个持续的过程，在这一过程中，学习者会受到新旧经验的相互影响，通过自我建构来塑造、丰富和发展他们的认知结构。并不是所有种类的知识都可以通过意义的构建来获取，像死亡和灾难这类知识是无法建立情境的，只能依靠间接的经验来学习。当

教育者希望学生在尚未达到某一学习阶段时进行知识的建构，这种做法对学生而言无疑是一种潜在的压制，他们在实践中可能会沉溺于无节制的虚无主义，走向完全相反的方向。

第六节　合作学习理论

一、合作学习的理论基础

一般而言，合作学习是指在教学过程中，以学习小组为核心的教学组织策略。在这样的教学模式中，教师与学生、学生与学生通过各种合作活动，共同达成学习目标，并以小组的整体表现作为主要的奖励标准，从而形成一种特殊的学习方法和教学策略。合作学习的产生和发展都是建立在坚实和科学的理论基础上的。合作学习的理论基础主要集中在以下三个核心领域。

（一）建构主义学习理论

建构主义的教育理念主张，学习的过程不只是学习者被动地接受和从外界获得知识，它更是一个主动地建立知识和经验的过程。换言之，真正的学习成果不在于学生是否真正吸收了知识，而在于他们的个人知识和经验是否得到了重新整合和组织。在教学活动中，我们应当鼓励学生之间的合作，使他们能够看到与他们有分歧的观点和内容。在教师的组织和引导下，学生们共同进行讨论和交流，这使得教师和学生能够分享各自的观点和智慧，整个学习群体共同完成所学知识的意义建构。因此，建构主义的拥护者对于合作式学习展现出了浓厚的兴趣。

（二）最近发展区理论

维果斯基在文化、历史和心理学的框架下，提出了被广大人群所接受的“最近发展区”的理论假设。他的观点是：“儿童的心理发展可以被划分为两个阶段：首先是他们的实际成长阶段；其次是他们的潜在成长阶段，即在他人协助或与伙伴合作解决问题时表现出的心理成熟度。这两个阶段之间的差异被称为最近发展区。"因此，在进行教育活动时，我们应该首先关注儿童的整体成长，这样可以为他们创造一个与其发展最为匹配的环境，并助力他们达到他们的潜在发展阶段。在这两个维度的持续互动过程中，孩子们的心理状态逐步从一个相对较低的水平提升到了一个相对较高的水平。当孩子们在最近发展区内合作时，他们展示的行为通常会比单独行动时表现得更加高级。学生们有机会通过团队合作和相互学习的方式，进一步加深对问题的深入理解，从而有效提升他们的学习成效。

（三）社会互赖理论

在一个鼓励团队合作的集体背景下，成员们各自拥有独特的智慧水平、知识结构和思维方式，他们能够互相激励、互相补足，并在交流中产生新的观点，共同利用团队的力量实现学习的目标。在合作式学习模式下，学生不必对自己的学术成就感到不安或紧张，也不必对教师的权威性感到恐惧。他们齐心协力地追求共同的目标，相互依赖，为每个人提供了前进的推动力，激励他们相互激励、相互协助。教师通常会以学生的全面表现作为奖赏标准，对于那些缺乏积极性、毅力和责任感的学生，这会产生正面的集体压力，从而激发他们的学习积极性，并提高学习效果。

二、合作学习的基本要素

（一）积极互赖

我们期望学生们能够认识到，他们不仅需要为自己的学业负责，同时也要对他们所在小组的其他成员的学习过程承担责任。在小组中，成员们之间有着深深的情感联系和互相依存的纽带。为了保证小组能够成功运作，每一名小组成员都必须付出极大的努力和时间。得益于他们在角色、资源和职责方面的密切关联，每一名小组成员都有能力为小组贡献出自己独特的价值。在合作式学习模式下，每名学生都肩负着两项主要任务：首先是学习如何有效地分配学习资源；接下来，必须确保每个团队成员都具备了所需的相关知识。

(二)面对面促进性互动

我们倡导学生之间进行面对面的交流,以确保组内成员能够相互激励,进而达到学习成功的目的。教育工作者应该致力于为学生提供更多的相互帮助、支援和激励的机会,并对他们在学习旅程中的付出表示高度的赞扬和认可。

(三)个人责任

小组中的每位成员都被赋予了完成特定学习任务的责任,并且他们需要对分派给他们的任务有深入的了解和掌握,因为小组的成功在很大程度上取决于每个成员的个人学习成果。为了鼓励每位团队成员热情地参与各类活动,团队活动的任务划分必须明确,并确保每个成员都承担着清晰的职责。

(四)社会技能

为了促进高质量的团队协作,教师有责任向学生教授一系列社交技能。这个小组的交往技巧主要集中在:彼此的理解以及建立深厚的信任;沟通的过程必须是精确无误的;他们彼此之间持有尊重的态度并提供支持;具备以建设性手段解决现存冲突的能力。这些建立在有效互动基础上的社交技巧是至关重要的,因此,在合作式学习的教学模式中,有必要向学生进行教授。

(五)小组自评

周期性地对小组合作活动进行评价,并对其操作和功能表现进行审查,以确保其活动能够高效地进行。

三、合作学习的特点

(一)培养学生用英语进行交流的习惯

通过合作学习小组的形式,我们鼓励学生用英语探索他们对学习材料的见解,分享他们对英语的理解,并展示他们在英语学习过程中所取得的成果。考虑到家庭、遗传、个性、智慧、兴趣和语言技能的多样性，每个学生在英语学习过程中都会有自己独特的见解，并对同一问题提供不同的观点和答案。仅当各种不同的观点相互交织和影响时，我们才有可能更为深刻地掌握学习的核心内容，并有助于知识意义的塑造。在教师与学生或学生之间进行互动、讨论、辩论和思维成果共享的过程中，学生们学会了分享自己的优势，以此来弥补和加强自己的不足，最终使他们对所学的英语知识有了更全面和深入的了解，实现了认识上的飞跃。

（二）促成和谐、融洽的新型师生关系

英语教师的角色不应仅仅局限于任务分配和促进学生间的互动，更为关键的是，他们需要为学生创造一个积极主动的学习氛围，一个能有效激发学生学习热情并让学习过程变得更加轻松愉快的环境。为了给学生创造一个愉快、和谐的英语学习环境和民主和谐的学习氛围，英语教师需要摈弃教师的傲慢态度，与学生建立紧密的联系，并与他们建立一个平等、开放、互助和合作的师生关系。采取这种方法不仅可以减轻学生的紧张和焦虑，还可以激发他们的表达和创造能力，增加他们对英语的兴趣，使学习变得更为轻松，并进一步提高他们的语言综合应用能力。

（三）改进学习氛围

在团队协作的学习方式中，教师的鼓励和启示，再加上同伴的鼓舞，都可以在学习者之间创造一个相互追求、共同学习的环境。在这种学习环境中，学生们会更加积极和充满热情地融入教学活动中，激发他们对英语学习的热情，并主动展示他们在英语学习方面所取得的成绩，从而实现集体智慧的共享。这种教学方法不仅有助于拓宽学生的知识视野和提升他们的智力水平，还能激发他们的创新学习能力，加强与他人的合作和沟通技巧。它鼓励学生积极探索新的知识，加强他们的表达、交流和分享技巧，培养他们的独立思考和解决问题的能力，同时也能提高他们用英语交流和组织各种活动的能力，从而更好地推动学生的英语学习进程。

四、合作学习的作用

（一）提高学习者的学习成绩和学习动机

大多数建议进行合作学习的人都同意这样的看法：在一个不同的群体中进行学习对所有学生都是有益的。那些缺乏能力的学生可以与更有能力的学生一起学习，从而获得更多的知识，而那些能力更强的学生可以通过扮演传授者的角色来受益。此外，采用合作式学习策略能够提高学生对学术研究价值的评价，并帮助他们改变对成功的传统看法。合作式的学习方式不仅可以增强学生的学习热情，还有助于唤醒他们的内在能力，并进一步提升他们的创新精神。

（二）提供对多样性的宽容和接纳

合作学习还具有一个核心作用，那就是协助来自不同种族、文化和社会背景的人们变得更为包容和相互尊重。这种方法也有助于在具有不同性格、技能、价值观和生活方式的学生群体中，培养他们之间的相互尊重和宽容。合作学习模式为来自不同背景和环境的学生创造了一个相互依赖和共同解决问题的环境，通过这种合作学习方式，学生能够培养出相互欣赏和尊重他人的优良品质。

（三）增强学生的合作意识和集体观念，提高他们的合作技能

在成年人的社群中，许多任务是在大规模的组织和合作中完成的，这就要求每个人的技能必须具有文化的多样性和全面性。但是，和年轻人一样，很多成年人也没有高效的社交能力。在一个竞争激烈的学习氛围中，学生间的互动和交流逐渐减少，学生间的相互帮助也随之减少。在同学与教师之间，相互之间的尊重和沟通逐渐受到限制，这种充满竞争和个性化的学习氛围严重妨碍了学生的高效学习和全面才华的培养。因此，学生应当视同学和教师为合作的伙伴，而不是成为妨碍自己学业和个人成功的障碍。因此，作为教师，他们的主要任务是营造一个积极的学习环境，激励学生们齐心协力地学习，以期他们能够取得更高的学术成就。当

学生获得更多的合作学习的机会，他们在合作技能方面的进步将会更加显著，并能从中获得更多的好处。

（四）有利于建立和谐、民主、合作的新型师生关系

合作学习的核心目标不只是简单地取消班级教学模式，更重要的是对该模式中存在的问题进行深入的改进和完善。它提倡把班级教学和小组教学结合在一起。在合作学习的模式下，教师的领导才能似乎有所减弱。它不是权威的象征，而是作为顾问、合作伙伴、援助者以及推动者的身份存在。这样的方法不仅减轻了学生的学习负担，同时也提高了他们的学习热忱和参与度。在合作式学习模式下，教师与学生以及学生与学生之间的相互互动关系已经得到了全方位的构建。这样的互动模式不仅凸显了学生的主观能动性，同时也自然地点燃了他们的求知欲望，让他们把学习当作一种乐趣，最终实现了一种既能学习又愿意学习的状态，从而有助于塑造一个和谐、民主和合作的新型师生关系。

第三章　中小学英语课堂教学研究

第一节　英语课堂教学的构成与特征

一、英语课堂教学的构成要素

(一)教师

在日常的课堂教学活动中,教师被认为是最关键的一环。教师不只是课堂的主导者,同时也是学生的指导者。要想成为一名出色的英语教师,首先你需要具备清晰的发音能力,对教学充满激情,性格要充满活力,对待学生的方式要友好,思维要敏捷,而且你的语言应该具有幽默感。然而,不是所有的英语教师都能准确地发音。如果教师的发音不够精确,他们可以采用视频、广播或多媒体等多种方式进行修正,以确保学生能够听到正确的发音。在教授单词、句子和课文的过程中,教师需要加入适当的解释,并重复那些难以理解的核心词汇。

一个课堂如果缺乏活力,很难点燃学生的学习激情;同样地,一个缺乏活力的教师也很难获得学生的喜爱。因此,教师应当充满激情,并用他们的热忱去激发学生的热情。在合适的时刻,可以采用夸张的语言和语调来叙述故事,并用幽默的方式来缓解课堂的气氛。

在我们熟知的英语教室里,教师的发言占据了相当长的一段时间。无可争议,教师的发言对于学生掌握新的语言技能是有利的,但这并不意味着可以缩短学生的实践时间。另外,教育者应当重视课堂教学方法的不断革新,以增强课堂教学的吸引力。杰出的英语教师不仅拥有卓越的适应变化的能力,还能预测课堂活动中可能出现的新动向,并能够妥善处理课堂上可能出现的突发情况，以确保课堂活动能够以一种生动有序的方式进行。

在日常的课堂教学活动中，教师需要不断地调整他们的语言运用方式，提出各种问题，并制定相应的反馈策略。在教学活动中，语言的运用方法显得尤其重要。为了让学生对教学内容有更深入的了解，教师可以考虑采用多种策略，包括重复的话语、降低说话的速度、增加停顿、调整发音、改变用词、简化语法规则和调整语篇结构等。在英语教学的背景下，教师经常会提出问题，这也被视为一种极为有效的教学方法。通过提出各种问题，我们有能力有效地激发学生的学习兴趣，并进一步激活他们的主动思维能力。

此外，提供反馈也是至关重要的。当我们提到提供反馈时，其实是指教师对于学生的学习情况所给出的答复。教师所提供的反馈可以是对学生言论的回应，这包括确认学生的问题是正确的还是错误的，给予表扬和鼓励，扩大学生的回答范围，重复学生的回答，对学生的回答进行总结，以及给予批评等。总体而言，教师的主要任务是采用各种独特的教学方法，以激发学生的学习兴趣，丰富他们的知识储备，培养他们的学习能力，并对整体教学效果进行优化。

（二）学生

如果教室里只有教师而没有学生，那么建立课堂是不可能的，因此学生变成了课堂的另一个重要组成部分。他们对于英语的各个方面，如民族、政治、经济、传统和生活习惯，都持有开放的观点，并设定了清晰的学习目标，具有强烈的学习动力。他们同样善于探索和反思最符合自身需求的学习方法。这种学生在学习上展现出一种高度的责任感，他们追求的学习目标不仅仅是为了考试。

（三）教材

教材的主要目的是支持教师的教学和学生的学习进程，它构成了课堂教学的核心部分。然而，教科书的内容是固定不变的，学生的状况却在不断地发生变化。此外，任何教材的编写都会受到编写者的专业能力和所用资料的限制，因此难免存在某些不足和缺点。如果教师仅仅是以实现教学目标为中心，而忽略了学生的反馈，并且按部就班地使用教材，那么他们很可能无法有效地推动学生的学习进程。因此，在教学过程中，教师应当灵活地使用各种不同类型的教材，并在课堂上或课堂下主动询问学生的观点和感受，以便能够及时调整教学方法和进度。在教学过程中，我们经常遇到与教材有关的各种问题。

因为教材里的语言描述过于简化，绝大多数的学生已经对其产生了深入的记忆。虽然课堂环境充满活力，学生们的互动热情高涨，但这只是对已有的语言技能和知识的一种练习，并不有助于新知识的吸纳和语言能力的进一步提升。在面对这种情境时，教育工作者应该思考为学生提供更有挑战性的语言资源，并采用稍微超出他们现有能力的词汇、句子和教材，这将有助于学生更深入地理解内容，并进一步激发他们的学习兴趣和积极性。

鉴于教材的格式过于固定且缺少吸引力，教育者在此背景下应思考融入更能满足学生心理需求的内容，以提高教材的吸引力。在编排教材时，如果并未遵循“从简单到复杂、从简单到深入”的逻辑，面对这种状况，教师可以依据教材的整体内容来调整文章的排列次序。

（四）教学方法

在教授语言的过程当中，并没有一成不变的教学手段。在英语教育的发展历程中，众多的教学方法和策略在英语教学中都发挥了至关重要的角色。但是，根据我们的经验，没有哪种教学方法是最优秀和最高效的。若在教学过程中坚持使用固定不变的教学策略，可能会激发学生的不满情绪，进而对教学成果产生不良影响。尽管在某一特定课程中使用了独特的教学方法，学生可能还是会感到内容乏味，这有可能对他们在课堂上的表现产生负面影响。因此，在整个教学过程和特定的课堂环境中，都需要采用不同的教学策略，这些策略在语言技能方面有各自的重点，以更有效地促进学生英语能力的全面发展。

二、英语课堂教学的特征

(一)经常提出启发性的要求

学生们普遍表现出浓厚的好奇心,他们时常希望在他们的学习之旅中能够有新的发现。这种看法为教师在教学活动中提供了深入的思考,并对启示性的教学策略带来了巨大的帮助。因此,在教学过程中,教师必须始终认识到启发性的核心价值,并经常提出富有启示性的教学标准,确保学生的思维始终保持活跃和正面。当教师提出问题时,他们通常展现出极高的适应性和多元性,他们会把这些问题呈现给全班学生,并在特定的场合中进行有关意义和交流的实践。

(二)采用灵活多样的教学方法

在教室中,确保学生能够高度集中精力是一项极具挑战性的任务,特别是对年纪较小的学生来说。因此,在实施课堂教学活动的过程中,教师应当运用多元化和灵活的教学策略,并对这些教学工具进行精心的设计和规划。例如,在教授音标拼读的过程中,教师往往会赋予学生一个任务,那就是课前查找词典,这样可以帮助他们掌握正确的音标拼读技巧。

(三)注重交际应用

在英语的教学过程中,实践性和交际性是其主要特征,并且这两个特点仅在特定的学科中被采纳。在英语教学过程中,实践和交流的功能不应仅仅局限于常规的实践活动,例如模仿、复制、应用或重写等,而应该更多地支持英语的实际和模拟交流。为了更好地满足教学需求,教师在课堂上经常组织大量的交流练习,如两分钟的对话、师生之间的自由交流、值日生的汇报和分组讨论等,这些都是为了更好地培养学生的英语交流技巧。教师应深刻地认识到,培养学生的沟通能力不是在短时间内就可以实现的。因此,他们在组织教学活动时,总是有明确的计划和耐心,根据课堂的实际布局,在各个教学环节中巧妙地安排交流的练习。

(四)强调巩固和发展

在开展教学活动的过程中,我们必须始终坚持巩固性这一基本原则。

因此，在教学巩固的过程中，教师需要致力于培养学生的实际操作技能，即在持续的成长过程中实现知识的巩固，以实现学生的持续发展目标。在教学过程中，教师经常有组织地规划教材内容，确保内容的连贯性和新旧知识的结合，持续进行实践，目的是加强学生的知识储备并培养他们的实际应用技能。

第二节 英语课堂教学的类型与环节

一、英语课堂教学的类型

在英语的课堂教学过程中，经常使用的英语课程种类包括讲练课、巩固课、复习课、阅读课以及语法课。

（一）讲练课

讲练课，也被称为综合课，是英语教育中经常使用的一种课程形式。课程中既有讲解也有实践，主要侧重于练习，同时也会根据具体需求进行简明扼要的解释。教师要在课堂上给学生提供足够的时间和空间让他们自己动手去完成练习，以达到巩固知识、培养能力和提高英语水平的目的。通常来说，讲练课会涵盖以下五个环节。

第一，组织教学。

第二，复习、检查。

第三，提出新材料。

第四，反复操练。

第五，布置家庭作业。

上述的五个环节在讲练课中展示了英语教学的完整流程，并对听、说、读、写的任务进行了全方位的规划。讲练课的教学内容涵盖了单词、语音、语法以及课文，而在实际训练中，它包括了听、说、读、写这四大部分。由于讲练课环节繁多和教学方法多样灵活，在一个充满活力和变化的教学环境中，更容易吸引学生的注意力，从而维持他们对学习的热情和主动性。

(二)巩固课

巩固课也称发展口语、书面语能力的课。巩固课一般包括三个教学环节。

第一,组织教学。

第二,反复操练。具体包括:朗读课文;整理课文中的词汇和语法;就课文进行问答;逐段叙述课文大意;叙述整篇课文大意;改变课文中的任务、时间、地点等,另作叙述;叙述对课文的读后感。

第三,布置家庭作业。包括:熟读课文;改写课文。

巩固课的核心目标是通过口头和书面的语言练习,回顾和整理已教授的内容,从而进一步增强学生的听、说、读、写技能,并培育他们的语言使用习惯。如果教师在完成某一课程后,觉得学生在知识掌握方面尚未达到足够的熟练水平,那么可以继续组织一场用于巩固知识的课程。为了配合阶段性的考试,你还可以连续安排几节用于巩固的课程。

(三)复习课

德国的哲学家狄慈根曾经提道:“重复是学习的源泉。”为了配合期中或期末的考试,教师可以安排一次或几次的复习课程,系统地整理一个阶段的教学材料,这是为了帮助学生更好地记忆,也有助于学生进一步增强他们的口头表达技巧。复习课的基本环节如下。

第一,组织教学。

第二,复习整理。包括:提出语法或词汇题目;学生列举例词、例句;归纳语法要点或提示单词的用法;语言练习。

第三,布置家庭作业。包括:朗读有关课文;课下做笔头作业。

在复习课中,教师要注意引导,使学生开动脑筋,积极参加活动,师生互相配合。切忌将复习课上成知识课,变成教师一人表演的独角戏。

(四)阅读课

阅读课实际上是讲练课的一种形式。在阅读课程中,既有讲解也有实践，但主要是实践。阅读课程的核心目标是加强学生的阅读技巧，培养他们的阅读能力，并围绕课文进行口头和书面的练习，以此来推进阅读实践，评估阅读成果，并进一步提高学生的阅读能力。阅读课的结构如下。

第一，组织教学。

第二，复习检查。

第三，进行阅读。包括：口头介绍课文大意；朗读课文；讲解课文。

第四，反复操练。包括：朗读课文；提问课文内容；叙述课文大意。

第五，布置家庭作业。

（五）语法课

在讲练课中，语法课也被视为其中的一部分。在英语教材里，语法的各个知识点都会被详细介绍。简洁的语法知识可以与课文内容相结合，通过有计划的口头练习来帮助学生更好地掌握。对于复杂的语法结构，我们可以在语法课上进行深入的讲解和实践，从而让知识变得更加系统化。语法课程一般涵盖以下五个步骤。

第一，组织教学。

第二，复习提问。

第三，提出新的语法点。包括：讲解语法点；初步运用于实践。

第四，反复操练。包括：问答练习；句型操练；做书本上的语法练习；提问新的语法点。

第五，布置家庭作业。

二、英语课堂教学的环节

（一）上课

在正式启动英语课堂教学活动之前，教师有责任全面掌握语言课堂教学的基础架构，这包括但不限于教学的启动、教学活动的组织顺序、进度的设定以及教学活动的结束等方面。在课堂刚开始的时候，教师应该简明扼要地回顾过去的学习经历，明确教学目标，并努力吸引学生的注意。当我们深入探讨核心议题时，将会碰到各种各样的活动和挑战。这类活动应当按照从简单到复杂，从理解到应用，从学习规则到实践，从机械操作到深入意义的交流，从精确到流畅的原则来进行。在真实的英语教学实践中，我们必须采纳多种独特的教学方法和策略，以确保学生的英语技能得到真正的增强。

1. 课程的环节

第一，师生按照英美的习惯及使用语互相问候，问候时避免使用中国化的称谓。

第二，简要回顾和复习前一次或几次课的重点内容。

第三，引入新的内容。最直接的方式是使用引入语，间接的方式有很多种，如讲故事；提出与课文相关的问题，启发学生的思维，使学生在新的课文中寻找正确的答案；利用直观教具或图画等辅助手段开展新的教学内容。

第四，新课的教学活动包括多种教学；生词教学可采用自制识字卡片或卡通图片；句式教学以模仿为主；对话教学可采用听录音、领读、角色扮演等；课文教学分为整体理解、分段讲解、重点句型模仿、回答问题、分组讨论、归纳总结等。

第五，依据课文内容，组织交际性活动，引出学生的交际需求，以补充教学内容，或是为下一次的教学做好准备。

第六，复习新学的内容知识，检查学生对新学的单词、短语、句子、对话等的掌握情况。

第七，布置家庭作业及下次课堂学习的内容，以便学生巩固所学的知识，同时预习将要学习的知识。

2. 注意事项

(1)争取学生的配合

仅仅在课堂上进行讲解并不能实现预期的教学效果，这是因为课堂教学实质上是一种高度交互性的教育活动。在课堂环境中，教师和学生能够相互了解和掌握知识，而课堂教学的成效在很大程度上取决于他们之间的密切协作。更明确地讲，当教师在课堂上展示每一个手势或眼神，学生都应该能够深入地理解并积极地参与学习。这样，教师就能更加熟练地进行教学活动，避免在组织教学过程中浪费过多的时间，并能准确地把握课堂上的每一个细节和时刻。为了培养学生在听到问题时能够迅速回答的良好习惯，当教师提出问题时，学生会立刻站起来，大声回应。当需要点名回答问题时，如果第一名学生不能回答，那么应该立刻更换第二名学生，并在第二名学生回答正确后，由第一名学生再次回答。在有限的课堂时间内，为每一个学生创造学习机会是一项极具挑战性的任务。然而，我们必须明确认识到，不能在每一堂课中都向固定的学生提出问题，这样的行为可能会抑制其他学生的学习热情，并有可能对教师与学生之间的合作关系产生不良影响。在这一阶段，教师有责任对遇到问题的学生给予适当的关心和照料。当问题比较简单时，教师应给予学生回答的机会，这将有助于增强他们的自信和学习热情。

(2)钻研教学用语

虽然在英语课堂上，教师被鼓励使用英语进行教学，但这可能导致学生在某种程度上对英语有更好的理解，这不仅会阻碍教师和学生之间的有效交流，还可能对课堂教学的效果产生负面影响。

(3)做到和蔼可亲

身为一名教师，你应当展现出友善的态度，始终带着微笑，紧密地观察整个班级的动态，并对每位学生的行为和举止保持高度关注。面对各种不同的教学主题和手段，课堂教学应当运用多样的身体动作语言。当你察觉到某个学生显得疲倦，你可以利用这个实际的场景，用英语来表达你的忧虑。当你注意到很多学生都感到疲劳时，可以通过各种活动，比如唱歌、背诵小诗或玩游戏等，来适当地调整课堂氛围，并激发学生的学习热情。学生感到疲劳或注意力不集中时，并不意味着就应该展现出不适当的教学态度，例如大声斥责学生或用力敲打讲台等。身为一名教师，我们应该对学生展现出深深的尊重和热忱，绝不能有任何偏见。只有当教师真心地爱着学生，学生才会对教师产生深深的感情。

（二）提问

在英语的课堂教学过程中，提问的环节发挥了不可或缺的角色，并对学生的语言学习产生了显著的促进作用。尽管关于提问的某些细节，如问题类型、等待时长、提问过程的管理以及问题的反馈等，都有可能为课堂教学带来积极的影响，但同时也可能产生某些不利的后果。在一定层面上，课堂提问的方式确实是影响课堂教学成果的核心要素。

1. 提问的功能

研究发现，在英语课堂教学中，提问环节占据了一段相当长的时间。通过提问，我们可以确保学生在课堂中的积极参与，进而促进课堂互动活动的流畅进行。通过提问，我们可以观察到学生的行为，这有助于提醒那些容易分心的学生，并激励他们再次投身于课堂之中。提问功能既具备一定的优势，也存在一定的不足，接下来我们会对这一功能进行深入的解释。

2. 提问在英语课堂教学中的应用

（1）可作为教师引出主题的手段

在课堂活动中，从听、说到读、写，所有这些都是围绕一个具体的主题来展开的。在教室内的各种活动里，话题起到了不可或缺的作用，它不仅能够增强活动的吸引力，还能使这些活动更加深入和富有意义。在英语的课堂教学过程中，融入提问的方法可以帮助教师更有效地指导课堂中的话题讨论。

（2）可作为阅读课堂教学的主要手段

阅读教学通常被划分为三个核心阶段：开始阅读之前、阅读过程中以及阅读结束后。另外，在课堂教学的各个环节中，都是围绕着需要解决的核心问题来展开的。在学生正式开始阅读之前，教师有可能通过提出各种问题来引领他们进入课堂讨论的核心议题，这样不仅能激活他们已有的知识结构，还能组织他们进行对文章内容的前瞻性分析。在学生进行阅读活动时，教师具备通过提问来安排他们的阅读任务的能力，组织他们阅读相关的文章，并积极寻找问题的答案。当学生完成阅读任务后，教师有能力通过提问来指导他们回顾和描述文章中的角色和时间,或者组织他们利用文章中的知识来分享他们的经验和观点。

(三)辅导

虽然辅导并非课堂教学的一个组成部分,但它无疑是课堂教学的强有力的补充,也是教学活动的一个关键环节。一个理想的课堂教学能够满足教案的所有预期,但在实际的教学环境中,可能会面临各种新的挑战和问题。学生在班级的构成是非常复杂的,他们的家庭背景、性格、智慧水平、学业表现和学习积极性等多个因素使得他们对英语学习的看法各不相同。那些从相同的起始点开始接触英语的学生,随着时间的推移,他们在英语技能上可能存在显著的差距。尽管如此,为那些学习上遇到困难的学生提供及时的指导可以助其迅速迎头赶上,加强他们的自信心,协助那些存在问题的学生提升他们的认知水平,确立正确的学习观念,从而让表现出色的学生有机会进一步提高他们的学术水平。辅导在提高教学质量上产生了积极的效果。

第三节 英语课堂教学的影响因素

在探讨影响大学英语教学品质的多种因素时,部分学者将这些因素划分为与智力有关的因素和与非智力有关的因素;还有一些学者将这些因素分为主观与客观两个主要类别;仍有部分学者将其划分为独特性和普遍性两大类。在我看来,因素可以被划分为内部因素和外部因素两大类。

一、内在因素

大学英语的教学目标是学生,因此,学生是影响大学英语教学的一个重要的内部因素。通常,内部因素涵盖了如语言能力、情感状态、记忆能力、性别、年龄、背景知识、母语的学习困难、处理方法、学习技巧、自信水平以及学习的驱动力等多个方面。接下来,我们将针对其中四个常见的方面进行详细分析。

(一)学习潜能

在英语学习的认知过程中,学习潜能被视为一个核心要素,它揭示了某一能力的进展方向。实际上,学习潜能指的是学生是否具备特殊的英语学习能力。在大多数情况下,如果我们真心想要提高学生的英语水平,那么培育他们的综合英语技能是至关重要的,而学生的潜在学习能力也可以被视为评价他们英语学习水平的一个重要标准。

(二)智力水平

智力,与学习的可能性相似,也构成了人类认知能力的一个组成部分。智力这一术语描述的是具备卓越的观察力、想象力、记忆力和逻辑推理能力的综合素质,这在进行抽象思维、精通语言以及解决实际问题方面都起到了不可或缺的作用。学生的智力程度是他们个人能力的体现,这对大学英语教学也带来了深远的影响。

在大多数情况下,当学生的智力尚未达到很高的水平时,教师应该为他们提供耐心的教导,而学生也应持续地接受训练,这样才能形成自己的英语学习方法,并进一步提高自己的英语能力。然而,这种英语教学方法显然没有足够的灵活性和适应性,因为一旦学习环境发生变化,学生将会发现很难使用他们已经掌握的学习策略来解决实际遇到的问题。

如果学生的智力水平是中等的,他们只需要在教师的专业指导下,结合有针对性的培训,就能逐步形成与自己相匹配的学习方法,并熟练掌握英语的学习方法。

当学生的智力水平相对较高,他们在英语学习上的能力自然会更为出色。因此,他们可以依据课堂上的教学内容和个人的实践经验,来设计出最符合自己需求的英语学习方案。

总体而言,在大学英语教学活动中,教师有责任对学生的智力水平有一个清晰的认识,这将有助于他们更有效地运用合适的教学方法和技巧来教授学生英语学习。同样地,当学生对自己的智力水平有深入的了解时,这有助于他们制定出高效的英语学习方法,并能够将这些方法灵活地运用到真实的场景中，从而实现流畅的沟通。

（三）学习风格

学习风格是学习者能力偏好的一个反映，它是由个体的经验与所处的环境共同作用而塑造出来的。在某些特定环境中，这一风格可能会有所改变，它展现出独特、稳定和一致的特点，并且风格五花八门，没有明确的好坏之分。学习的方式有许多种，通常，我们可以按照它们的感知方式和认知方式来进行分类。

1. 按照感知方式来划分

这类学习者往往更偏向于从教师那里得到口头教导，但在书面表达技巧上并不是他们的强项。视觉型学习指的是学习者通过视觉来进行学习的一种特殊方法。通过深入的阅读，学习者可以掌握核心的知识。视觉素材不仅具有直观性，还能在学习者的思考过程中产生明确的视觉感受。这类学习者往往更偏向于使用教师的板书或多媒体工具进行授课，而不是选择口头授课的方法。动觉型学习风格代表了学习者通过具体的实践操作来掌握知识的方法。通过具体的实践操作，学习者将有机会接触到新的知识和信息。换句话说，这类学习者倾向于参与具有挑战性的活动，并且愿意执行计划，在实际操作过程中，他们将会体验到巨大的快乐。

2. 按照认知方式来划分

人们采用认知的方法来分析、整合、吸纳新的资讯并累积新的实践经验。不同的学习者在思维和认知模式上存在明显的差异。事实上，这两个方面在信息处理上展现出截然不同的趋势。思维模式往往容易受到外界因素的干扰，需要教师或其他学生的帮助，他们更倾向于从一个宏观的视角思考，但在独立思考和解决问题方面并不擅长；认知模式一般不太容易受到外界因素的干扰，也不需要教师或其他人的帮助，更倾向于从细节出发进行深刻的思考，并具有独立思考和解决遇到的问题的能力。但是，需要明确的是，大多数学习者都位于这两个选项之间。当学习者接收到信息时，他们可以将这些信息分为整体型和细节型两种。在处理问题的过程中，整体型更倾向于从全方位和整体性的角度出发，尽管它具有高度的直观性和模糊性，但在准确性和深度方面却表现得相对不足。当面临各种挑战时，这类学习者往往倾向于向其他人求助。细节型精于捕获和储存具体信息，他们会从微小细节出发，进行深刻的分析和思考，并用精细的方法来理解这些信息。这类学习者通常有一个习惯，那就是他们会将遇到的问题细分为具体的细节进行深入的理解，并且擅长识别不同实体之间的差异。基于学习者处理大脑左右信息的能力，我们可以将其划分为以左脑为核心和以右脑为核心两个类别。在此背景下，以左脑为核心更倾向于深入探讨信息的细微之处，精于逻辑分析，并有能力取得出色的学习效果；以右脑为核心往往致力于深入理解核心观点，对自己的直觉持有较深的信赖，并展现出卓越的适应能力。

简而言之，学习风格在大学英语的教育和学习过程中发挥了极其重要的角色。对于教育者而言，深入了解学生的学习模式是非常关键的，只有这样，他们才能给予学生精确的方向指引。更明确地讲，这样做能帮助学生更好地认识到自己的优势，并指导他们采用全面和系统化的学习方法；这有助于学生对自己采用的学习策略进行评估，并确定这些策略是否恰当；在设计教学组织和教学计划的过程中，应当深入考虑到每一名学生的独特需求，以便更有效地激发他们的自主学习兴趣。对于学生而言，如果他们能对自己的学习方法有一个清晰的了解，这将帮助他们找到最适合自己的英语学习方式，不仅会更加关注自己的学习进度，还会发现其中的不足；除此之外，他们还可以更加主动地观察他人的学习方式，并逐步拓宽自己的学习路径。

（四）学习动机

学习动机可以被视为一种特定的心理状态，它能够激发学习者的学习动力，使他们更加努力地朝着既定的目标或方向前进。这样的学习状态会直接推动学习者不断地制定与其个性相符的学习方法，进而有效地提升他们的英语水平。以下介绍两种常见的划分法。

1.深层动机与表层动机

基于“刺激—反应”的理论结构，学者文秋芳把学习动机划分为两大类：深层动机和表层动机。深层动机阐述的是学生为了满足他们的个人兴趣、扩展知识和满足更深层次的非物质需求而产生的内在驱动力；表层动机描述的是一种为了满足表面上的物质需求，如高薪、学历证书、优质工作等，而激发出的动力。

每位学生都有自己独特的学习动力，这也导致了他们设定的学习目标存在差异。那些具有强烈学习意愿的学生，他们的目标通常是提高自己的语言能力，这也意味着他们对英语有更高的期望，对学习英语充满热情，并且他们所选择的学习策略也更加全面和适当。那些只有表面学习动机的人往往学习时间较短，一旦刺激消失，他们的动机也会随之消失。另外，这类学生往往表现得比较懒惰，他们对英语学习的要求也不是特别高。

2.内在动机与外在动机

著名学者德西对学习动机进行了详细的分类，并将其主要分为两大类：内在动机和外在动机。

在大多数情况下，拥有内在动机的学生不太可能受到外界因素的干扰，这主要表现在两个方面：首先是英语本身的吸引力；其次涉及学生对英语学习过程的观点。当学生面临外界的刺激和压制时，他们通常会展现出强烈的强迫性，这主要源于他们的外部驱动因素。

在英语教学与学习的全过程中，学习动机发挥着极其关键的角色。当学生展现出浓厚的学习激情，这代表他们已经设定了明确的学习目标，并对英语学习充满了浓厚的兴趣。相对地说，如果一个学生没有强烈的学习激情，他或她在学习的旅程中可能不会表现出过高的热忱，也不会达到预期的学习效果。很明显，在学生的英语学习旅程中，学习的驱动力发挥了关键性的角色。

二、外在因素

(一)教师

在高等教育的英语课程中,教师被视为最核心的外部要素之一。对大学英语教师来说,他们的职责不仅仅是教授语音、词汇和语法等基础语言技能,更重要的是教授学生如何运用英语学习策略,而不是仅仅教授听、说、读、写和翻译等语言能力。教师持有的教育理念、所选择的教学手段、他们的教学态度以及所运用的教学资源,都有可能在多个层次上对教学效果和学生的学习方式产生正面或负面的影响。

从教育理念和教学思维的视角来看,不同的教师可能持有不同的教育观念,他们会根据自己的教学方法来进行教学。通常情况下,大学的英语教育仍然是以教师为中心,这实际上不利于学生培养自己的学习策略,也不利于提升自己的英语能力。鉴于教学手段和活动的多样性,为了保证教学环境和学习氛围的高质量,教师通常需要实施一系列的管理措施,然而,这些管理措施对于英语教学环境并不是特别友好。因此,在大学英语教学活动中,教师所扮演的角色和其产生的影响是绝对不能被轻视的。

(二)环境

1. 社会环境

社会环境为教师和学生提供了宝贵的资源,它也是影响大学英语教学质量的关键外部因素之一。比如说,是否存在一个适宜的学习氛围,以及是否具备完备的图书资源和教育工具等。一个高质量的物质环境不仅可以帮助教师更有效地进行教学活动,还可以促进学生的全面学习。尤其在最近几年,随着现代信息技术(如多媒体、网络等)的普及,传统的课堂互动机会已被人与机器取代,学生现在可以根据自己的实际需求来选择学习内容和制订学习计划。除此之外,学生也享有自主选择学习时间和地点的权利,并在整个学习旅程中主动提出问题,寻求协助和解答。毫不夸张地讲,现代信息技术的快速发展在一定程度上为教育工作者和学生在英语学习方面提供了更多的可能性和机会。

在听力教学和学习的全过程中，文化背景始终发挥着至关重要的角色。教师在教学方法、价值观和思维方式上都会受到其所处文化背景的深远影响，而这样的文化背景同样能对学生的英语学习方式产生明显的正面影响。例如，在现行的英语教学体系里，过分侧重于知识内容的传授，却忽视了对学生在科学学习方法方面的培养；过分重视对自己的严格标准和独立思考，却遗漏了培养教师和学生之间的协作精神。

2. 学习环境

相较于社会环境，学习环境展现出其独有的特质，它综合反映了学校教育和学生学习过程中所需的各种主观与客观条件。通常情况下，为了更好地满足学生在身体和心理上的成长需求，我们已经创建了这样一个教育氛围。很明显，学生在英语的学习旅程中所面对的学习背景是一个真实的外部因素。

第四节 英语课堂教学的理论发展

传统上，中国的英语教育方式主要是基于行为主义的理论来加强和实践的，同时也更加注重在传统的认知模式下进行语言知识的传授。虽然这种教育方式为学习者奠定了深入学习的基石，但在信息化时代，它还未能满足对高质量人才的迫切需求。为了更有效地满足新时代对英语教育的期望，很多人对语言教学方法进行了各种创新和尝试，特别是从语言学的进步中寻找新的活力。因此，在中国的英语教育结构里，我们必须重视学生的学习模式和固有规律，同时也不能忽视当代的教育观念，因为这些观念在英语的教学过程中发挥了至关重要的作用。

一、人本主义学习论

人本主义心理学在某种程度上反驳了行为主义把人类当作动物或机

器的看法，它认为这些看法忽略了人类固有的特性；从不同的视角出发，尽管认知心理学高度关注人的认知结构，但却忽视了人的情感、价值观和态度对学习过程的深远影响。这一观点强调，心理学的研究应该集中在“完整的人”这个概念上，重视人的内在价值和发展潜力，尤其是那些具有自我实现倾向的个体。这次事件在心理学的研究中触发了一场深刻的转变，为心理学的未来走向提供了预兆。罗杰斯作为人本主义学习论的杰出人物，对学习议题进行了深度的研究和探索。罗杰斯坚信，学习不只是释放个体的全部潜能，它同时也代表了个性与个人的成长过程。罗杰斯还认为，学习是一种充满意义的心理过程，因为不同的人在面对相同的事物时会有不同的反应。因此，对于学习者来说，深入理解学习的真正含义是非常关键的，也就是说，学习的核心就是对意义的学习。罗杰斯在教育哲学上的独特之处在于他致力于将认知与情感完美结合，旨在培养一个全面发展的个体。他再次强调了情感在教育活动中所占据的中心角色。

二、联结主义理论

联结主义是一种通过采用人工神经网络（Artificial Neural Network，ANN）对信息进行并行加工的方法来研究和解释人类智力活动的认知理论。该理论以哲学和数学理论等为根基，以神经科学为基础，融合信息科学、人工智能、心理科学等学科，于 20 世纪 80 年代中后期取代符号表征理论也即认知主义而成为认知科学的主导理论。

联结主义的倡导者常把联结主义出现之前的那些认知理论称作“经典理论”。在很大程度上，联结主义是对经典理论的反思而产生的，具有如下一些具体的观点和看法。

关于人脑。联结主义理论研究的出发点是人脑的构造。联结主义理论认为，人脑是并行处理系统。换句话说，人脑不是“串行机”而是“并行机”，不是“数字机”而是“模拟机”。正因为这样，虽然单个单元的信息加工速度相对较慢，但是当大量的单元同时并行地对信息进行处理时，其反应速度就会变得相当快。也正因如此，人们就能比较容易地理解语言处理的复杂性和高效性的问题。

关于知识及其表征。在联结主义理论提出之前，人们习惯认为知识都是显性地储存在神经系统的某一个或者某一些特定单元之中。但是联结主义认为，信息在特定单元里只能短时储存，长期储存则以单元之间联结的形式存在，也就是说，单元及其联结的网络构成知识。这就意味着，所有的知识都是联结的，但却是含糊的、隐性的，不是清晰地存在于某些单元之中。关于知识的表征，联结主义强调知识的“分布表征”而不是符号主义所采用的“局部表征”。“局部表征”强调网络中的单元与每一个观念之间是清清楚楚的一对一的关系，这是一种孤立的、静止的表征方式。而“分布表征”则认为知识是由分布在不同位置的单元互动形成的某种联结以及联结的权重来表征的，这是一种联系的、动态的表征方法。

关于学习。联结主义认为，知识学习的过程就是学习分布的表征的过程，是改变或修正单元之间的联结权重的过程，是原来的联结消失而产生一种新的联结关系的过程，其核心问题就是单元之间联结权重的调整和改变的问题。也就是说，学习过程是经过调节单元与单元之间的关系来完成的，而调节单元与单元之间的关系又是经过改变单元与单元之间的权重来完成的。一旦联结网络中相应的单元都由适当的权重联结好了，学习的过程也就完成了。

关于语义。联结主义认为，单个的单元不存在语义内容，语义是经验的而非先验的，是在学习过程中通过改变单元的能量和单元之间的联结而获得的，语义系统是动态的、可变的，随着相同经验的重复而得到强化，随着不同经验的积累而变化。

关于研究对象。联结主义把亚符号作为研究对象。亚符号是联结主义网络中个体加工单元的活性，它表征的是直觉经验以及尚未升华为可以用语言表达出来的概念，即“亚概念”。亚概念水平位于神经元水平和概念水平之间。

关于规则。联结主义认为，联结主义网络中并无任何规则的表征。然而，网络通过单元的激活、抑制、联结等活动能够有效地表达某种行为，外在地“浮现”出规则的效应，仿佛某种行为背后有规则在支配。鲁梅尔哈特(Rumelhart)和麦克莱兰(McClelland)的英语过去时态模型研究所产生的“U形学习效应”就充分说明了这一点。所谓“U形学习效应”，是指儿童在早期的学习过程中基本不犯语法错误，在学习的中期阶段则出现大量语法错误，而后在后期的学习阶段又逐步将错误消除的现象。联结主义理论认为，语言学习的过程就是从语言材料中抽取特征的过程，是通过特征获得规则，而不是直接学习规则。当然，浮现特征所强调的是特征的获得，是通过一定的输入浮现出来的，浮现特征代表了人类获取知识并进行分类储存的认知能力。

关于学习规则。网络学习的主要规则有三个。一是Hebb规则(赫步定律)。其基本思想是：神经网络的学习过程发生在神经元之间的突触部位，突触的联结强度随着突触前后神经元的活动而变化，变化的量与两个神经元的活性之和成正比。Hebb学习规则是一个无监督学习规则，学习的结果是使网络能够提取训练集的统计特性，从而把输入信息按照它们的相似性程度划分为若干类。这一点与人类观察和认识世界的过程非常吻合。人类观察和认识世界在相当程度上就是根据事物的统计特征进行分类。二是学习规则。规则是Hebb规则的一种变式，也叫Wind-row—Hoff规则。遵循这种学习规则的学习方法包括以下几个步骤：先选择一组初始权重值，然后计算某一输出模式对应的实际输出与期望输出的误差，之后更新权重值，最后计算与输入模式相对应的实际输出期望输出的误差。如此循环往复地对网络进行训练，直到对所有的输入模式、网络均能给出满意的输出为止。三是反向传播规则，即著名的BP(back propagation，反向传播)学习规则。这一规则只用于自我学习，其工作流程是：输入信号先向前传递到隐含单元，经过作用后，网络再把隐含单元的输出信息传递到输出单元，最后由输出单元给出输出结果。整个学习过程由正向传播和反向传播组成。在正向传播中，输入信息从输入层经隐含单元层逐层处理后，传至输出层。每一层神经元的状态只影响下一层神经元的状态。如果在输出层得不到期望输出，就转为反向传播，把误差信号沿原连接路径返回，并通过修改各层神经元的联结权重，使误差信号最小。

关于记忆。记忆是将获得的知识储存和读出的神经过程。联结主义认为，我们所记忆的东西其实质不是所指的东西而是联结。学习过程实际上就是逐步记忆的过程，即通过联结关系的一系列改变来记住信息加工激活的路径而不是建立抽象的规则。记忆的变化与联结权重的变化之间是等价的。

关于学习类型。联结主义认为，学习可划分为监督学习、强化学习和无监督学习等三种。监督学习也称为有导师学习，它是指由一位外部导师给网络提供详尽的反馈形式，即无论网络何时产生输出，导师均给其提供关于期望输出的详细说明。监督学习非常类似于儿童在教师指导下的学习，因而被称为有导师学习。对于这种学习，网络在能完成工作前必须进行学习和训练。当网络对于给定的输入能产生所需要的输出时，就可以认为网络的学习和训练已经完成。强化学习是指在有外界强化信号的条件下所进行的学习。因此，从本质上说，强化学习也是一种监督学习。无监督学习又称为无导师学习，它是指网络在缺乏外界任何形式的反馈条件下的一种学习。就是说，在这种学习模式中，网络的权重调节没有受到任何外来教师的影响，但在网络内部却对其性能进行监控，网络在输入信号中不断地寻找规律，并根据网络的功能进行适应调节。尽管在这种学习没有受到外来影响，但网络仍需要一些信息以进行自组织。无监督学习强调的是加工单元之间的协调，如果外界输入激活了加工单元中的某一节点，则整个加工单元群的活性随之增加，相反就会引起整个加工单元的抑制效应。无监督学习具有很诱人的性质，因为从某种意义上说网络是在自己指导自己。

关于语言习得。联结主义认为，在一定的语言环境中，语言学习者会注意到语言输入中某些语言形式反复出现的现象，使语言形式之间逐渐形成联结，并从各种联结中抽绎出具有一定概括性的规律。这种联结和规律因反复被激活而逐步得到强化，语言习得因此而产生。

第五节　英语课堂教学的实践方法

一、平衡活动教学法

哈默的平衡活动教学法（简称“平衡法”）是基于交际性教学原则构建的，它从学生参与课堂活动的角度出发，探讨如何在这些活动中实现教学方法的平衡。平衡法强调，教师的核心任务是确保学生有机会参与各种对语言学习和掌握有益的活动。他进一步提出，教学方案应当在语言输入和输出之间找到一个平衡点，确保教学内容与学生的实际需求相匹配，同时课堂活动应与激发学生学习热情的目标相协调。此外，教师的管理技巧、学生的主观能动性和整个教学过程之间也应实现和谐统一。简而言之，在完整的教学过程中，教师、学生和教材三者之间应该达到一个均衡的状态。虽然哈默的平衡教学观点在历史进程中有其局限性，并没有完全摆脱以教师为中心的教学模式，但他的平衡教学理念对于当前大学英语教学改革具有一定的指导作用，并已经成为英语教育工作者提高英语课堂教学效果的重要理论依据之一。

在探讨如何提升大学英语课堂教学的质量和效果时，我们首先需要考虑可能对课堂教学产生影响的各种元素，如学生、所用教材、教师所处的教学环境和使用的教学工具等。在这一过程中，学生和教师在主观层面上起到了决定性的作用，而教材则在客观层面上起到了决定性的作用。之所以这样，是因为学生是“学习”的焦点，教师是“教学”的核心，而教材则是教学活动的媒介。借助这一媒介，学生与教师能够互相影响，从而达到一个和谐的平衡状态。

(一)学生与教师之间的平衡

多年以来,外语学习研究主要集中在教师教学方法的优化上,相对来说,关于学生应如何进行有效学习的研究则显得较为稀缺。在过去的几年中,随着对第二语言学习的深入研究,大家对这一议题有了更新的认识。科恩,这位著名的语言学者,在他的论文中也明确指出一个人在语言学习上的成就不仅仅取决于他个人的能力,还与他的个人特质和如何有效利用学习资源的各种技巧紧密相关。因此,高等教育机构的教师应该站在外语教育改革的前线,帮助学生摒弃传统的学习观点,调整他们的学习方法,主动适应教师的授课方式,而不是强迫他们适应特定学生的学习模式。

当学生转变他们的学习观念时,他们同样应该注重培育自己的外语学习动力。动机具有极高的可塑性,而且不同的动机会导致不同的学习方法和学习成果。因此,一方面,学生应该采取适当的方式来确保他们的学习效果,并确定短期和长期的成功目标;另一方面,从一个不同的视角来看,作为课堂教学的"目标"导向者,教师必须具备足够的适应性和灵活性,这也是平衡法中不可缺少的一环。

灵活性代表着教师在授课时能够敏感地感知到学生需求的变化,并据此做出恰当的调整和完善。身为一名教育工作者,我们有义务确保学生对外语学习的重要性有深入的认识,并激发他们对学习外语的真诚热忱和内在动力。这样的教学方法让学生和教师有更近的距离进行互动,进而达到两者之间的平衡状态。

(二)教师与教材之间的平衡

教材起到了连接教育和学习的桥梁作用。在我国的外语教育结构中,教材起到了不可或缺的作用,它不只是教学大纲的实际应用和执行工具,同时也为教师在组织课堂教学时提供了关键的参考依据。尤其在以英语为第二语言的中国,由于缺少一个客观的语言背景,教材已经变成一个关键的语言输入途径。但是，正因为教材在整个教育结构中占据了至关重要的位置，这使得教师对其产生了深厚的依赖。每本教学材料都存在其特定的局限性，这可能导致在时间或信息处理上出现偏差。因此，教师对教科书的期望和教材自身的局限性之间，不可避免地会产生一种矛盾的关系。我们关注的第二个平衡点是如何在教师和教材之间找到一个平衡点，以解决这种矛盾。

作为课堂教学目标的指导者，教师首先需要为教学材料设定一个适当的期望值。在明确了这一观点之后，教师可以根据学生的兴趣、教材的特点，特别是教师个人的喜好，对教材进行第二次编排，并进行适当的非正式处理，以达到最佳的教学效果。下一步，教师不仅要从认知层面深入研究教材的各种理论和方法，更重要的是，他们需要从情感层面出发，对现有教材进行适当的修订和优化。克拉申曾经提出了一种名为"情感过滤假说"的观点，他认为情感能够影响注意力在智力活动中的导向作用，从而影响对输入信息的响应和输出信息的选择。如果教师能在情感上对教材内容进行深入的处理和组织，确保教材在呈现给学生时能够充分展示其在情感层面的积极影响，那么这不仅可以直接激发学生对教学内容的兴趣，提高他们的认知学习效率，还有助于学生的良好品德的塑造和发展。

另外，在日常的课堂教学活动中，教师发挥了至关重要的"文化导入"角色。教师在语言能力、文学素养以及文化认知结构上的展现，都能在某种程度上正面地影响课堂教学的成效。作为文化的引领者，教师在传授目标语言的文化背景知识时，能够有效地协助学生逐步培养他们的语用分析能力和文学鉴赏技巧，从而进一步加强他们的阅读理解能力。

（三）学生和教材之间的平衡

当我们探讨如何增强课堂教学的实效性时，必须从学生的角度出发，因为学生是这个平衡体系的关键参与者，他们应该充分利用自己的主观能动性，努力调整自己以满足教材的需求。

通常，外语教育被视为一种强调实际操作的教学方式，而课堂环境则被视为学生进行语言实践活动的关键场所。学生是积极的参与者、实践者、思考者和质疑者，教师扮演着组织者、管理者、鼓励者、合作者和解难者的多重角色，而教材则是实现教学大纲设定的教学目标的重要保障。为了进一步提高大学英语课堂的教学品质和成果，我们应当坚守特定的教育理念，选择合适的教学方法，并考虑多种可能对课堂教学产生影响的要素。我们追求的目标是在学生、教师和教材三者之间建立一个开放且动态的平衡机制，并根据各相关学科的发展趋势进行适时的调整。这恰恰体现了哈默的平衡观念中所包含的活跃性和辩证思考的精髓。

二、双重活动教学法

双重活动教学法（简称“双重法”）融合了马克思主义哲学、信息论、控制论和交际论的理念，是在对外语教学的各个环节和相关元素进行了深度分析，并在汇总了国内外外语教学的经验之后，提出的一种独到的教学策略。这一观点着重指出，教学活动的核心应是互动交流，其终极目标是将以教师为主导的单向信息传递机制转变为一个基于平等和尊重的师生共同参与以及双向沟通的教学模式。

（一）双重活动教学法的教学原则

只有当我们深度探索并妥当处理教学统一体中那些既相互联系又存在冲突的元素时，我们才能准确地确定教学活动的方向和效果标准。利用双重法，我们明确了教学系统的六个核心组成部分：教学目标、参与的主体、被教学的对象、使用的途径、所处的环境以及交流的方式；共同展现了双重法中的“六重”特质：从两个视角、两个主体、两种信息的外溢、两种渠道的输入、两种环境的输出以及两个层次的交流。

1. 教学双主体

双重法定义了师生关系的准则，它是基于“主体是人”的思想，确定教师和学生都是教学过程中的关键参与者。作为英语学习的核心参与者，教师的对象性行为揭示了学生学习英语的固有模式，而学生作为学习的焦点，他们所了解的是英语的符号体系及其所扮演的角色。教学活动构成了一种教师与学生、学生与学生之间相互依存和相互影响的双向沟通机制。强调教师作为教育的核心角色，不只是基于哲学的理解，还会受到实际操作中的各种因素所影响。我们从事的外语教学与第二语言教育有着明显的不同之处。在非目标语言环境中，外语学习主要是在课堂环境里完成的；在目标语言的背景下，第二语言教育得以展开。无论是在教室内部还是外部环境，这两种状况都有着明显的区别。因此，在英语教学过程中，教师在组织教学内容、设计教学活动以及引导学生参与方面的能力变得尤为重要。鼓励以教师为中心的教学方法在实际教学中起到了关键的指导角色。

2. 外语双信息

在掌握外语的过程中，我们不仅要重视语言规则的内部化（也就是观念的实际应用），还要重视语言在实际场景中的应用技能的培训（也就是物质上的操作）。认知过程应该是观念操作和物质操作的有机结合，因此，学习者需要在循环练习、实践和应用方面投入更多的精力和时间。

3. 输入双渠道

输入双渠道是指外语信息是通过两种不同的途径输入的，一是外部刺激，二是现有的认知框架。这一观念不仅强调了有组织、有序地导入外来语言的重要性，而且也并不是简单地把语言学习看作习惯形成的一个简单过程。双重法的核心思想是，学习是基于个体已有的经验和知识结构，并在与外界刺激的交互中逐渐形成，它代表了一个主动和积极的建构过程。因此，在设计教学活动时，双重法专注于寻找学生原有认知结构和语言输入之间的最佳平衡点。

4. 输出双环境

当我们提到输出双环境时，是指输出的过程受到了来自内部和外部环境的各种限制和约束。内部环境描述的是学生通过学习建立的“信息库”,而外部环境则是指那些使用外语交流的人、地、时的环境。学生所处的学习环境,不论是在内部还是外部,都不是一成不变的。随着学生学习的不断深化和拓展,这些环境会持续地发生变化和进化,这反映了学习过程中存在的阶段性特征。因此,在设计和实施教学活动时,我们有责任深入研究学生在学习过程中所经历的各种不同阶段。

5. 交际双层次

交际的双层次性质意味着,在教学过程中,交际活动需要在内容和情感两个层面上紧密相连。双重法反映了教学论中的“情知对称原理”,实现了教学过程中情感和认知的统一,克服了过去以认知为唯一目标的教学方法,体现了外语教学的心理化、艺术化的必然性。在这样一个将情感和知识完美结合的教育环境中,学生的精神需求和个性得到了深刻的关注和尊重,从而为他们营造了一个公平、和谐的学习氛围。

(二)双重法中的活动及其分类和组织

主体与主体、主体与客体之间的相互作用通常是通过某种中介机制来实现的。那么,在连接上述教学流程的六大核心元素中,哪一个扮演了桥梁的角色呢?实际上,双重法的解释是一种实践活动。为了促进教师与学生之间的有效互动,实现语言信息的内部化和外部化,以及信息的输入输出和情感与知识的有机结合,我们需要通过多样化的活动来实现这些目标。从一个不同的视角出发,活动进行时必须严格按照前面提到的“六项双重”标准来执行。活动作为一个中心思想,在双重法中的核心地位与阿基米德的名言“翻转地球的支点”有着相似之处,这也构成了改变外语教学方式的关键要素。毫不过分地讲,活动不足就等同于社交技能的缺失;当活动不足时,知识很难被完全吸收,更不用说将知识转化为技能,然后将技能再转化为能力了。

在执行双重法的过程中,通常会经历五个核心步骤:引入、启动、输入、加工、输出。引入的初衷是通过将既有的知识与新的知识相结合,从而点燃学生的学习热情;启动的意义在于融入新的教学内容,确保学生在认知和情感上都能达到一个正面的状态；所谓的输入，是指学生通过听教师的讲解，来获取语言的信息；加工是指通过多样化的练习方法，让学生有能力反复练习并记住所用的教学材料；输出意味着学生会根据他们的实际需求，使用他们所掌握的语言来进行沟通。这一连串的操作步骤是相互关联、相互作用和整合的，共同构成了一个相对完整的大规模活动，然而，每一个步骤也有可能单独转化为一个小规模的活动。上述的五个步骤不是一成不变的教学流程，它们更像是为教师提供参考的常规教学模式。在实际的教学活动中，教师应依据学生的特定需求、不同的学习阶段以及教学内容来权衡各种事务的重要性和紧迫性，进而做出相应步骤的决策。在双重法活动中，活动代表了其核心的精神。

三、折中主义教学法

所谓的“折中”，是指在各种不同的教学环境中，对多种教学方法进行精心挑选和选择的一种策略。自 20 世纪初期起，不论是国内的外语教育者还是国外的教育者，都在努力寻找最适合的教学方法，目的是帮助外语学习者更快地掌握目标语言。语法翻译法是一种较早被采纳的技术，其核心思想是强调学生对语言的深度理解和掌握，追求语法的准确性，并以教师的教学为中心。该方法以认知心理学和生成转换技术为中心，视有意识的语言学习为一个充满意义的体系，并着重于帮助学习者更深入地理解语言的结构。交际法的根源可以追溯到 20 世纪 70 年代，并深受功能语言学的影响。它把培养交际能力作为外语教育的核心目标，强调培养学生在语言理解、表达和思想交流方面的能力，并始终将学生作为教学的中心。任务教学法是基于苏联心理学家维果茨基和他的团队关于语言和学习的理论而建立的。这种方法主张在课堂教学中，通过学生和教师的共同努力来完成特定的任务，从而使语言学习者能够自然地掌握和习得语言。

随着教学方法研究的深入，各式各样的创新教学方法层出不穷。当外语教育者面临多种教学策略时，找到一种能够适应各种教学环境的稳定教学方法变得尤为困难。上面提及的所有教学手段似乎都未能从根本上解决如何有效掌握目标语言这一复杂问题。同时，我们注意到，在教学过程中，过分依赖或过分推崇某一种教学方法可能会导致教学实践中产生一定程度的偏见，这对外语教学的持续进步和质量提升是不利的。因此，许多学者和教育者决定采用审慎且实际的平衡教学方式，作为现代外语教育的核心策略。

（一）折中主义教学法的设计

该方法设计的核心是如何挑选合适的教学资源，并通过教师、学生与教材的交互来揭示教学方法背后所依赖的语言和学习理念。从教学设计的视角出发，我们必须重视以下核心方面：挑选适当的教学材料（或制定教学大纲），明确学生和教师在教学中的角色，以及确定教材的种类和功能。

在进行课堂教学时，教师应当充分激发学生的主观能动性，并为他们提供尽可能多的实践机会。在教学活动中，教师主要扮演了推进与参与的双向角色。作为课堂活动的推动者，教师在课堂环境中组织学生进行各种形式的交流，这包括但不仅限于制订详细的活动计划、明确活动的任务、分配各自的角色，以及为学生提供专业的咨询服务。作为教学活动的组成部分，教师与学生站在平等的角度参与，这不仅给予学生有价值的方向指引，还让他们有能力及时识别潜在的问题点，这对于未来课堂教学具有极大的助益。从一个不同的视角出发，按照第二语言学习的准则，课堂中的语言知识输入是绝对不可或缺的。

（二）折中主义教学法的程序

从教学程序的视角出发，我们必须深入思考以下几点：不同的教学策略、各式各样的练习和实践活动，以及实施这些活动所需的各种条件、场所和工具等要素。下一步，我们会深入阐述如何运用折中主义教学法来组织课堂活动，目的是培养学生的英语综合应用技能。

在教学活动中，教师致力于确保讲解内容既简洁又精确，同时也充分激发学生的主观能动性，以实现“在讲解中进行实践，在实践中进行讲解”的教学目标。例如，在教授某一语言点时，学生有时会被要求立刻进行模仿性的练习，这些练习可能包括连词造句、从汉语翻译到英语或从英语翻译到汉语，或者是课文末尾的词汇练习等。在练习的过程中，学生不论是有意识还是无意识的都积极地参与了进来。然后，教师激励学生对文章的整体内容进行归纳和总结。

通过教师和学生之间广泛而深入的双向互动，学生不仅对课文有了更深的理解，对友谊和朋友也有了更深的认识，而且还掌握了用英语进行相关主题的表达和交流。在课程的尾声，教师指导学生进行第三轮的课文阅读，并鼓励他们去理解作者的独特语言表达方式，也就是口语文本的使用。课文讲解结束后，可以安排一场专题讨论。考虑到学生们已经对相关的词汇有了深入的了解，他们利用英语进行思考和交流变得更为轻松。

因此，教师有必要不断地深入学习和研究教育理论，同时也需要持续地进行教学创新。仅当我们采纳这样的方法时，学生的英语综合应用能力才能得到真正的提升。

四、英语电影欣赏教学

英语电影欣赏教学作为英语视听说课程的一种教学方法，已经在培养学生实际应用英语，尤其是听力和口语能力方面，取得了显著的教学效果。它既可以通过观看影片来加深对英语词汇、语法等基本知识的理解，又可借助影片所反映出来的历史故事和人物关系以及文化背景等因素帮助学生理解课文内容。这一教学策略能够将学生有效地引导至与日常生活更为接近的实际语言和文化背景中，这不仅有助于他们更深入地掌握英语，还能让他们体验到外国文化的魅力，进而拓宽他们的知识视野，并提升他们的实际操作技能。此外，它也可以使学生了解国外优秀的影视作品，提高审美情趣，激发学习兴趣，促进对英语词汇、语法以及篇章结构等内容的理解和记忆。因此，英语影视教学方法赢得了众多教师和学生的热情支持。近年来，随着教育教学改革工作不断推进，越来越多的教育工作者开始关注和探索英语影视教学的有效性问题，希望通过运用多种方法来提高英语教学质量。然而，在教学过程中，面对众多的影视资源，如何根据大学英语教学的具体目标和特色，有针对性地选择和处理这些影视作品，以确保它们能够充分发挥其应有的教学作用，是英语视听说课教师急需解决的关键问题。目前我国大多数高校都没有专门为开展电影欣赏而建立起来的课堂，而是采用传统的教学模式来讲授相关内容。为了有效地应对这一挑战，我们首先需要深入分析影视作品的独特性质和它们所起到的作用。

（一）英语电影在大学英语教学中的作用

英语教学不只是一种语言教学方法，它所包含的内容也是多种多样的，涉及我们日常生活的各个方面。在高中英语课堂上引入英语电影教学，能够丰富教学内容、活跃课堂气氛，提高教学质量。采用英语电影欣赏作为教学手段，不仅能有效地集中学生的注意力，还能刺激他们在视觉和听觉方面的能力。在教学过程中，教师根据不同阶段的教学内容设计相应的教学活动，引导学生自主完成课堂上所要求掌握的词汇、语法等知识任务。这一教学方法成功地将基础的语言描述转变为更直观的语言互动体验，为学生创造了一个优质的语言学习环境。这不仅使英语学习成为一种自发的交流手段，还激励学生更加积极地参与英语教学活动，从而提高了他们的学习热情和实际应用英语的能力。因此，英语电影在英语口语教学中有着非常重要的作用。利用英语电影来展现真实的日常生活，将有助于实现英语教育的最终愿景。

当我们致力于提高学生的英语听力和口语技能时，有必要为他们营造一个有利于听力和口语交流的环境。英语教师要利用各种有效的方法来营造良好的英语听说氛围，帮助学生提高听力水平以及口语表达能力。

听和说作为语言交流手段，如果缺乏合适的语言环境，想要提高学生在听和说方面的能力将会面临巨大的挑战。因此，教师应该利用各种现代化的技术手段来营造良好的英语课堂教学氛围，帮助学生提高英语水平。电影欣赏在英语教育中的应用，特别是在听力和口语教学环节，可以实现文字、图像、声音和影像的完美结合，为学生提供一个多维度的语言学习环境。本书通过介绍电影欣赏在英语口语教学中的应用来说明这一教学方法的有效性。这一教学方法为学生创造了一个既真实又生动的学习环境，让他们仿佛身临其境，充分发挥视觉和听觉的潜能，从而激发他们对语言学习的兴趣，并进一步提升他们对英语学习的热情。

（二）英语电影欣赏课的教学原则

1. 以树立正确的人生观与世界观作为教学影片选择的依据

大学的四年时光对于学生的人生观和世界观的塑造起到了关键的作用。正确的人生观和世界观涵盖了以下几个方面：自信、自尊、正直、诚实、守信和乐观。此外，还应具备团队合作精神、爱国情怀、责任感，以及对多元文化的宽容态度和环境/生态保护的意识。英语教师在选择教学影片时，应以这些价值观为基础，以最大限度地发挥英语教学在素质教育体系中的重要作用。

2. 以培养学生的文化意识为目的增加文化导入的内容

在语言的教育过程中，文化和教育起到了至关重要的作用。作为一种有效的教学方法，英文电影能够帮助学生更好地理解所学内容，提高他们对西方文化的理解能力。高品质的英文电影展示了英美两国及其民族在某一特定历史阶段的文化特质和形象，因此，在英语电影的欣赏课程中，应当融入更多的文化元素。

3. 以建构主义为理论指导组织课堂教学

在教授英文电影欣赏的过程中，如果教师不经过严格筛选地将电影从头到尾地呈现给学生，并且在这个过程中没有进行深入的讲解，学生可能会因为不能理解电影的某个部分而失去继续欣赏电影的兴趣。因此，在教学活动中，教师应遵循建构主义的教育哲学，密切关注学生的兴趣和需求，尊重他们现有的知识、情感和个性，确保所有课堂活动都是以学生为中心的。

(三)影视作品的加工

1. 从作品中截取有关片段

在仔细筛选了英语影视作品后,我们还需对这些作品进行适当的处理,并从其中提取相关的片段。一般来说,一部电影的时长约为120分钟,在进行教学活动时,如果再加上必要的讲解、实践和欣赏环节,大约需要五小时的时间。然而,英语视听说课的常规时长是每周两到四个课时。为防止作品中出现"面面俱到""囫囵吞枣""虎头蛇尾"的情况,从作品中提取相关片段是极其必要的。

2. 对所截取的片段进行精加工

对截取的片段进行细致的处理,旨在将其转化为可以独立操作和培训的模块。我们挑选的视频片段的目的是协助学生在观影过程中更深刻地理解语言,并通过影视资源全面提升他们的英语听力和口语技能。为了实现这一具体的教育目标,教育者需要依据教学片段的独特性质,精心策划出高度有针对性的教学方案。

需要特别指出的是,在处理电影和电视作品的过程中,我们不应该削减作品的逻辑连贯性和审美价值。截取的视频片段不应过多或过细,应以学生的观赏体验和自主学习为中心。

在英语电影和电视的教学活动中,如何挑选和管理影视作品已经变成一个中心议题。在英语影视的教学过程中,教师应根据教学目的、教育理念、学生的实际技能和需求,以及影视作品的独特性,进行深入的研究和持续的探索。只有通过持续不断的付出和细心的努力,英语影视教育才能充分展示其独有的优点和价值。

(四)英语电影欣赏课教学之新设想

1. 准备阶段

在一部电影正式公映之前,通常会通过多种不同的媒体渠道进行全面的介绍、宣传和评价,以激发观众的审美兴趣和期待。电影字幕翻译就是其中一种有效的传播手段。从心理学视角出发,一个人在解读语言时,不应只是被动地接受信息,而应基于已有的知识,对所接收的信息进行深入的分析和处理。因此，为了提高学生对于电影内容的理解能力，教师可利用一些电影语言作为教学素材来辅助课堂教学。在正式开始课程之前，教师应该先将电影里的俚语、不太熟悉的词语和表达方式等分发给学生，这样可以帮助他们更好地掌握这些词汇的使用方法。教师还要引导学生了解这些俚语背后隐含的含义及其与文化之间的关系，从而加深对语言形式的理解。为了帮助学生克服即将进行的听力练习中可能遇到的困难，教师可以使用英语简洁地介绍影片的故事背景、角色和主题，并对影片中的俚语、关键生词和表达方法进行详细的解释。通过听英文电影或欣赏英文电影来提高自己的英语水平，是非常有效的学习手段。对英文电影的欣赏和中文电影的欣赏是两种截然不同的体验，学生需要全心全意地去理解电影所传递的信息。教师则要引导学生把自己的注意力集中到电影上，通过反复看电影来加深记忆。教师也可以根据学生即将听到的某个片段设计问题，然后让学生带着这些问题去观看电影。通过分析和讨论这些问题，使他们能更快地了解该片段中所表达的意思，从而更好地掌握电影内容。因此，当观赏电影时，他们更倾向于寻找与问题有关的线索。

2.共鸣性高潮阶段

在实际的欣赏过程中，学生往往会因为情感的涌现和剧情内容的逐步展开而产生共鸣。这是因为，电影作为一门综合性学科，包含了文学、历史等多种知识，因此可以通过对这些相关信息进行整合，从而产生更多的共鸣。如果想要在电影欣赏过程中产生共鸣，必须满足两个主要条件：首先是艺术的标准，其次是社会的背景。在具体的课堂实施中，教师可以将影视资源引入课堂教学中来。如果教师选择的电影不仅艺术价值极高，还能满足学生的心理需求，那么这将很容易引起学生的共鸣。在大学英语学习过程当中，学生往往会接触到大量的口语交流。在这个教学过程中，教师应该重点指导学生更深入地理解交际活动中的非言语行为。因为在跨文化交流过程中，人们所使用的语言都是一种文化现象。人与人之间的互动主要是通过两种途径，即语言交流和非语言交流来达成的。非语言表达又分为身体动作与非语言行为两大类。这两种不同的表达手法展示了英汉两个不同的民族在价值观和行为习惯方面存在的显著差异。非语言行为作为一种重要的沟通工具，它不仅能够传递信息而且还具有丰富的文化内涵，可以使人们了解彼此，从而可以更好地进行人际交流。就像语言交流一样，非语言行为也能有效地传达信息、表达观点、传达情感或态度，并能明确标识出交流者在社会中的地位，这包括但不限于他们的着装、手势、声调、服装、眼神，以及在交流过程中人与人之间的距离、对时间和空间的认知，以及他们的日常生活习惯等。

3. 回味性延留阶段

虽然电影已经到了尾声，但学生在不同层面上依然保留了从电影中获得的审美体验，这一阶段被称作电影欣赏的延续阶段。这部影片的一个显著特点是，观众不断地对其进行深入的解析、诠释和反复的品位。从多个方面，如视觉效果、色调、光影效果、构图技巧、音效、语言表达、时空布局，到导演、表演者、美术设计和服饰选择等，深入分析了它们各自的优点和缺点。在开始电影内容的初步构思之前，教育者应当组织团队来探讨相关议题，这些议题最好能够激起学生的学习热情并引起他们的讨论。在这一学习时期，我们鼓励学生对自己的价值观和对不同事物的看法进行深入的探讨。通过深度的对话和讨论，学生可以培养出独立思考的能力，从多个角度审视问题，并进一步加深对特定社会事件的理解。学生们的积极参与证明了课堂讨论作为一种教学方法，在激发学生学习兴趣、激活他们的独立思考能力以及用合适的语言表达个人观点等多个方面，都起到了非常积极的引导作用。课程结束后，学生有机会听到电影里的对白。课程结束之后，学生们有了多次机会去听取电影录音，并背诵一些令人印象深刻的片段。除此之外，教师可以视写作为学生课后主要的输出训练工具，并激励学生分享他们的观影感受；组织学生参加电影片段的朗诵比赛和表演比赛等各种活动。

此外，从教育实践的视角出发，制定恰当的测试可以激发学生对英语电影欣赏课程的重视。这个课程的开设初衷不仅仅是为了让学生更好地掌握实际的语言知识，更为关键的是，它旨在提高学生的跨文化交流能力。因此，测试应当覆盖两大核心内容：首先是对学生语言技能的评估，其次是对学生的跨文化交往能力的评价。为了达成这两个测试目的，我们可以思考采用基于交流的语言测试手段。当学生听到电影的录音内容时，他们需要根据所听到的信息，在提供的四个选项中做出相应的选择。交互式测试关注的是那些在日常生活中可能出现，或者与我们的生活方式高度相似的行为模式。在回答问题的过程中，不仅要确保所回答的内容与语法规则相符，还需仔细权衡内容在实际应用场景中的可行性和在特定语境下的适应性。

英文电影中所采用的语言是基于真实的语言环境，并蕴含了深厚的文化意义。这不只是掌握和学习现代英语的最好方法，也是深入探索外国文化的珍贵资料。在教学活动中，教师不只是要培养学生的语言理解技巧，还需要加强他们的跨文化交流能力。考虑到英语电影包含了丰富的词汇、多样的内容和相对较快的语速，为了确保英语电影的欣赏教学能够达到预期的效果，教师不仅需要具备语言能力，还需要对文化有深入的了解，这样才能真正提高教学质量。

五、暗示教学法

暗示是一种特殊的心理认知方式，它间接地影响了学习者的心理状态。在 20 世纪 60 年代，美国人本主义心理学的奠基人马斯洛和罗杰斯强调了学习过程中人的作用，尤其是人的内心情感和价值观的主导作用。受到人本主义心理学的影响，保加利亚的洛扎诺夫提出了一种将心理暗示整合进教育体系的方法，这一方法被命名为暗示教学法（简称“暗示法”）。这种教学方式采纳了多种策略和方法来对学生产生影响，旨在为学生创造一个轻松愉快的学习氛围，使他们在不知不觉中吸收所学知识。

英语教学研究一直在不断地刷新其教育理念和思考模式，专注于探究各式各样的教学方法。洛扎诺夫是第一个使用暗示法的研究者，他观察到利用暗示法记忆学习材料的速率是传统方式的 25 倍。通过运用情境元素来组织教学活动，暗示教学法能够使学生在一个轻松愉快的环境中吸收知识，从而有效地激发他们的学习积极性。

(一)暗示教学法的原则

1.树立新型的师生关系

著名教育家杜威坚信:学生是知识的核心,他们是知识意义的主动构建者,而教师在协助和推动学生构建知识意义方面发挥了至关重要的作用。在日常的课堂教学活动中,教师和学生之间的相互信任与尊重显得尤为关键,我们有必要建立一个平等、互助、和谐以及友善的师生互动关系。只有在采取这种方式时,学生才可能积极地接受各种建议,并从这些建议中获取有价值的知识,同时也可能受到影响,从而产生积极的情感反应。

2.创设愉快的课堂氛围

一个轻松愉快的课堂氛围是保证教学方法能够有效实施的核心要素。洛扎诺夫认为,当人们保持清醒和放松的状态时,他们能够同时展示出暗示性和有意识的判断能力。许多事实都进一步验证了这一观点:当一个人的心情处于愉快、平静、充满自信和乐观的状态时,这些正面的情绪能够有效地促进其智力发展。相对而言,负面的情感,例如困扰、紧张、害怕、反感和压抑等,都可能对人的智力活动产生抑制效果。英语教育应当竭尽全力,致力于营造一个轻松和谐的课堂氛围,以减轻学生对英语的恐惧和紧张,为他们主动接受暗示和进行英语学习做好充分的准备。

(二)暗示教学法的具体运用

1.设置适宜的音乐片段

在所有的暗示教学策略中,音乐法被广泛认为是最常见的一种教学方法。对学习者而言,最核心的心理挑战是缺乏自信。在创建教学环境时,利用音乐作为一种手段来培养学生的潜在心理倾向,可以为学生创造一个愉快和轻松的学习环境,从而使学生在这段愉快的学习旅程中获得更好的学习成果。

2.构建真实的问题情境

在教学活动中,我们不只是要深入研究教师的授课方式,还需要对学生的学习模式进行深度探索,这正是人本主义教育理念所强调的教学流程——也就是自由成长。在教学活动中,我们有责任确保学生能在一个安全的心理环境里持续地释放他们的内在潜能,而自由成长和发展则是实现这种内在潜能的最优选择。

在学校日常生活的各个方面,学生们有可能面临各式各样的挑战和问题。为了使课程内容对学生更具意义,教师必须识别那些与课程内容密切相关但对学生来说实际存在的问题,并利用他们所熟知的智力或情感案例来进行教学。

3. 开展丰富的游戏活动

在游戏中,学生有了无拘无束地展示自己的机会,体验到成功带给他们的快乐,并逐渐建立起自信。

(三)暗示性语法教学

暗示性语法教学具体是指什么内容呢?暗示法是一种通过对语言材料进行分析来达到提高学习者能力的教学方法。暗示法强调,在语法学习过程中,学生需要置身于一个富有意义且易于理解的语言环境中,这样他们才能更自然地掌握目标语言的语法规则。尽管暗示法所倡导的归纳性教学在难度和标准上相对较高,但它的教学过程更多的是围绕学生的实际需求进行的。

尽管明示性语法教育注重语言的形态,但它似乎忽视了语言的深层含义和其在实际中的应用;暗示性语法则强调语言的内涵,注重语言的语境效果和意义理解,但忽视了交际目的对语言运用的影响。暗示性语法教学的焦点主要集中在语言的意义和其所处的应用环境上,但常常忽视了语言使用过程中的准确性。明示性语法侧重于语言形式上的研究,而暗示性语法则侧重内容上的探索,二者各有优势也各有所短。这两个方面都有其优点和缺点,明智的做法是将它们结合在一起。因为二者具有各自独特的功能,而不同功能之间又相互联系。因此,在尝试将明示性语法和暗示性语法进行整合的过程中,我们必须清楚地认识到语法不仅仅是一个简单、随机或抽象的概念。形式是最重要的因素之一,而意义则主要取决于语境。因此,大卫·努南特别指出,形式、意义和使用是三个互相作用的方面。在语言中，只有通过三种不同层面上的交互才能实现真正有效的交际目的。拉森-弗里曼为语法问题提供了更加清晰的阐释，他坚信语法包括语形、语义和语用这三个维度，这三个维度是互相关联和依赖的，一个方面的变动可能会引发另一个方面的改变。同时，他还指出语言使用者在理解语法规则时所具有的主观性，这种主观性可以通过语境来影响。拉森-弗里曼对语法属性进行的三维解释为将明示性语法教学与暗示性语法教学相结合提供了关键的理论支持。本书通过对比两种不同的教学模式来分析明示性语法教学法和暗示性语法教学法各自所具有的特点及优势，并结合具体案例探讨如何运用两种方法提高英语语法教学效果。毫无疑问，将二者结合起来，已经变成了当前语法教育的发展趋势。

第六节　中小学英语课堂教学的内涵

一、中小学英语课堂教学的基本原则

根据国内外学者的看法，在英语教育应当遵循的基本原则中，实践性原则是其中之一；关于语言输入的标准；遵守并妥善管理使用母语的准则；在听、说、读、写这几个步骤中，关键是遵循协调发展的策略；融合了语音、语法以及单词的综合教学策略；始终遵循以学生为中心的教育哲学。此外，这些标准也是中学英语课堂教学必须遵循的核心准则。

（一）实践性原则

学习英语的最终目的是通过英语进行交流，那么如何才能实现这个目标呢？在学习母语的过程中，人们深深地体会到，只有在真实地运用母语时，他们才能真正地学会如何有效地使用它。在缺乏母语实际运用的情况下，探讨如何有效地运用母语变得相当困难。在某些方面，学习外语和掌握母语是类似的，也就是说，人们在实际的语言操作中掌握了语言的使用。因此，在进行英语教学时，我们必须始终坚持实践导向的教学原则。遵从实践性原则意味着在英语学习的全过程中，必须进行大量的听、说、读、写等实践活动。通过这些活动,我们可以接收到语言的输入。无论是口头还是书面的表达,它们都是语言传递的手段之一。在学习语言的过程中,语言的输入扮演了一个不可或缺的角色。但是,仅仅依靠语言的输入而不进行输出训练可能导致我们的大脑中积累了大量的语言信息,但在某些情况下,我们可能难以或不能精确地提取这些信息。因此,只有通过实际的语言输出活动,语言学习者才能对自己的语言能力和水平进行准确的评估和深入的了解,这样他们才能根据自己的实际需求,改进自己的不足,并持续提升自己的语言能力。然而,在对语言及其学习进行深度研究的基础上,这些实践活动在某一阶段可以被认为是形式化的练习,而在其他阶段则应被看作实际的交流练习。前一种方法更注重对语言形态的深入理解和对语言准确性的精准管理,而后一种方法则更多地强调意义、语言的适应性和流畅性在交流中的重要性。语言的形态和意义,以及语言的准确性和流畅性,这两个方面是相互冲突的。通常情况下,特定的含义需要通过特定的结构来传递,如果我们对语言的构造理解不够深刻,那么在传递这些意义时可能会遇到困难。然而,这并不代表只要结构设计得当,信息就能被清楚、适当和流畅地传达。过分依赖于语言形式的控制性练习,而忽略了语言的适当性和流畅性,会对提升学习者的交流技巧产生负面影响。因此,在策划各种实践活动时,我们必须确保它们之间的关系有适当的平衡。

(二)语言输入的原则

鉴于我们对于语言持有各种不同的见解和理解,这将推动我们选择各种不同的方法来学习和传授语言。但是,不管我们如何看待语言输入,特别是那些与学习者能力匹配的语言输入,它们在语言学习和掌握过程中都是至关重要的。一个孩子一旦出生,虽然他天生就具备语言学习的能力,但如果没有外界语言输入来激发他的这种“天赋”,他将无法掌握和使用语言。在语言的学习过程中,语言输入起到了不可或缺的作用。埃利斯对于第二语言习得过程中的语言输入,提出了三种截然不同的观点。行为主义的观点是,语言不仅是人类的一种行为模式,而且与其他各种行为一样，都是通过培养特定的习惯来塑造的。这种习惯的形成是受到外部语言输入对学习者激励的直接影响。在没有语言输入的情况下，反应是无法实现的，学习语言就像是一棵没有基础的树。虽然先天论强调了人类天生的语言学习能力，但它认为“仅仅接触语言并不能为语言的习得提供一个令人满意的解释，而语言的输入只是触发内部语言习得过程的因素”。但是，在没有语言输入的前提下，语言的习得过程可能不会被触发，这也意味着语言的习得是不可能的。因此，基于语言学习的固有理念，语言输入在整个学习过程中是绝对必要的。从相互影响的视角出发，语言习得实际上是学习者的心理状况与他们所处的语言环境之间相互作用的结果。学习语言的人在掌握语言的过程中，不仅会受到语言输入的作用，同时也会受到它的限制。很明显，在掌握第二语言或其他外语的旅程中，语言输入起到了不可或缺的作用。

因此，外语教师有义务为学习者提供尽可能多的、与其实际能力相匹配的语言资源。考虑到语言输入的获取背景，我们可以将其分类为课内的语言输入和课外的语言输入；根据输入语言的分类方式，我们可以把语言输入划分为声音和文字这两个主要类别。在我国的教育结构里，课堂中的语言输入已经变成了外语学习过程中的主要语言获取方式。教师为学生提供了声音和文字等多种语言输入手段，尤其是声音输入方式显得尤为重要。教师具备用简明且地道的英语来组织和引导教学活动的能力，同时也能有效地管理教学过程和分配课外作业。你也有机会运用你已经掌握的基础英语，来教授课文内容、解析单词，并进行语言结构方面的练习。

（三）利用和控制使用母语原则

语言和思维之间有着密切的相互关联，语言不仅是思维活动的外在表达，同时也是思维活动的直观反映。学习外语的学生通常已经具备了足够的思维能力，拥有丰富的母语知识，并逐步适应了母语的思维方式。在教授外语时，学生往往首先将所学单词翻译成本族语，然后再使用本族语作为连接外语单词的中介工具；与儿童直接学习母语的方式不同，他们不需要将听到的母语与其所代表的信息直接关联起来，从而能够直观地理解和应用，这一过程中并不需要进行翻译工作。因此，如果我们持有这样的观点，即人们在提高和强化母语熟练度与思维发展之间存在一种平衡关系，那么外语熟练度的生成和发展将会变得更加复杂。在外语学习的过程中，人们在一个相对较长的时间段内，都将不可避免地受到他们的母语思维模式的影响。在教授外语的过程中，母语产生的影响主要分为两大类：在特定情境下，它有助于外语技能的掌握，并进一步促进外语技术的熟练度；在特定的场合下，这有可能成为外语学习的障碍，并对外语的准确掌握产生不良影响。实践证明，与成年人相比，大部分青少年在外语语法学习上面临更多的挑战，这主要是因为成年人较高的母语水平和思维能力带来的正面影响。他们具备将丰富的母语知识运用到外语学习中的能力，从而有助于更好地掌握外语。然而，在中国，学生在学习外语的过程中，常常会出现“中国是外语”的说法，这实际上是母语对外语知识的干扰的明证。因此，在学习外语的时候，我们不应该盲目地拒绝或过分依赖我们的母语。反之，我们应当从一个科学的视角去探讨和研究母语可能产生的各种后果，这样可以更有针对性地利用其正向影响（正迁移），并采纳相应的措施来预防和应对其可能带来的负面影响（负迁移）。

1. 利用母语的有利影响，使其在学生外语学习中发挥正迁移作用

只要教师简洁地告诉学生汉语的使用习惯，他们就可以迅速地将这些习惯转换为英语的学习和实际应用；学生在学习英语时，可能会发现某些内容难以完全掌握，因此，他们应该把这些内容视为教学的核心，并努力加强实际操作的练习；虽然英语和汉语在发音、词汇和语法方面存在很多相似之处，但在学习过程中，汉语的语言习惯可能会对学生产生干扰，这无疑是学习过程中的一个挑战。教师可以通过比较英语和汉语的教学特点，预测学生可能面临的挑战，并根据学生在学习过程中遇到的问题，思考适当的教学策略和方法，从而优化教学效果并鼓励学生进行借阅教学。

在高年级的学习阶段，特别是当学生已经对英语的基本句型有了深入的掌握后，这种翻译练习是可以适当使用的，但在此过程中也需要适当的管理和控制。在探讨如何管理使用时，我们需要深入了解母语使用可能导致的不良影响（也就是产生的负面迁移），并采取措施预防此类情况的出现。英语教育的核心目标是增强学生的英语实际应用能力。只有当你深入地学习英语并全心全意地使用它时，这种技能才可能被迅速地培育出来。由于中学阶段的英语课程时间受到限制，教师在授课过程中主要聚焦于英语的练习，有时甚至感到时间紧迫。如果我们将有限的部分教学时间重新分配给汉语教学，那么对英语课堂的时间分配就需要进行深刻的思考。

2. 用母语教英语应注意的三个主要问题

用英语进行教学意味着，与其持续不断地传授英语知识，不如采用一种更易于学生理解课文内容、词汇和组织结构的教学策略。教师教授的英语不只是学生需要熟练掌握，教师本身也应该能够娴熟地运用它。随着学生英语水平的持续提升，运用英语进行英语解读和英语教学组织的范围也逐渐扩大。

用英文来解释单词通常比用英文翻译成中文更为烦琐和耗时。但是，从一个更长远的角度看，这种方法首先与启发式的教学策略相契合，它不仅可以提高学生的英语实际应用技巧，还有助于培养他们的逻辑思维能力。当英语被用来解释单词的时候，学生应该积极参与，发挥思维的活跃性，通过观察、比较和总结来形成自己的结论，从而实现真正的理解。借助个体的创新思维，我们不仅能够深刻地铭记自己的想法，还能在特定的环境或背景下培养对词义的独立解读和判断技巧。当我们用汉语来阐述英语时，这仿佛是在传递知识，所需要的只是基础的记忆过程。这一观点在实际应用中与用英语来阐述是截然不同的。再者，当我们选择用英语来解释英语时，虽然多说几句可能会花费更多时间，但在这段时间里，学生们实际上是在使用英语进行互动，不仅掌握了新的英文单词及其应用技巧，还复习了许多之前的词汇，并进行了听力方面的训练。然而，当需要将英文翻译成中文来解释单词时，除了帮助学生理解单词的含义，他们的实际收益几乎是微不足道的。这种方式确实可以节约时间，但同时也减少了学生学习和加强英语的机会。另外，采用英语来阐述单词能够有力地培育学生的直观思维能力。

（四）阶段侧重，协调发展原则

在英语教学中，听、说、读、写不仅是教学的目的，也是关键的教学工具。在中学阶段的英语教育目标里，教学大纲对于听力、口语、阅读和写作都设定了清晰的准则。听、说、读、写这三个方面之间存在着密切的相互关联，并且都在相互促进。人们经常从多个角度对其进行分类，明确区分口头表达（听、说）和书面表达（读、写），以及理解（听、读）和表达（说、写）的能力。这四种能力在其成长轨迹中都展现出了某种程度的自主性。不同的技能可以通过特定的活动来提高，比如，通过参与阅读活动来加强阅读技巧，或者通过听力练习来加强听力能力。然而，在实际教学过程中，这四项技能的发展往往不是同步的，有些技能的进步可能会超过或滞后于其他技能的进步。同时，听力、口语、阅读和写作之间有着密切的相互联系和限制。他们采用的语言构造，在单词和语法上都是一致的。它们只是在四个方面利用相同的形式体系来进行交流的整体能力。在实际的语言使用和教学活动中，经常会遇到各种各样的技巧和能力。

因此，我们应当全面地加强听、说、读、写这四大语言能力的培训，但在此过程中，我们应根据教学的不同阶段来明确教学的焦点。那么，我们应该如何根据教学的各个阶段来有针对性地进行教学活动呢？在我国中学英语教育的大背景下，初中阶段应更加强调口语实践的重要性，而高中阶段则应更多地专注于培养学生的阅读理解能力。如果我们把中学英语教育分为三个主要阶段——初级阶段（包括初中一、二年级）、中级阶段（包括初三和高中一年级）和高级阶段（包括高中二、三年级），那么在初级阶段，教学应该以口头表达为中心，专注于日常生活中的口头交流，目的是培养学生的对话和口头表达能力，并在听和说的基础上加强阅读和写作的训练。中级学习阶段标志着一个至关重要的转型和过渡阶段，我们应该高度重视培养学生的自主学习能力，并在全面的听、说、读、写能力训练的指导下，逐步将重点转移到阅读技能的培训上。在高级学习阶段，除了培训四大技巧之外，还特别强调了阅读与写作的核心地位。我们有必要扩大阅读材料的总量，因为仅当我们进行大量的阅读活动时，我们才有可能真正地提升我们的阅读技能。在我们的教学活动中，有必要进一步强化学生对于词汇的理解和掌握，并对书面表达中那些比较复杂的语法属性和构词技巧进行深入的解析。此外，综合训练听、说、读、写这几个方面是非常重要的，因为提高阅读技巧也依赖于听、说、读、写各个方面的练习，这些练习将在听、说、读、写的协调发展中相互促进和提升。

（五）语音、单词、语法综合教学原则

语言主要由语音、词汇和语法这三个核心元素组成。语音为语言提供了物质支撑，单词是语言的核心组成部分，语法则是词汇应用与句子结构规则的综合展现。这三个领域各自拥有其特有的内容和结构，并逐步发展为各自独立的科学研究领域。但是，这三个要素之间有着密切的相互关联，它们之间是密不可分的。在缺乏语音的情况下，单词和语法的理解会变得相当困难；在没有明确的语法标准的前提下，教授语音和词汇可能会遭遇困难。在语言的语音、词汇和语法这三个维度上，没有哪一个是可以单独构建语言的，也没有能力将语言作为交流的工具。不管是语音、词汇还是语法，它们的作用都在句子的构造中得到了展现。在进行英语教学时，我们应当以句子结构为核心，对其在语音、词汇和语法方面进行深入的指导。尤其在初级学习阶段，由于教材中的句子通常较为简练，因此采用完整句子进行教学是最为理想的方法。经过对整个句子的深入学习，学生不只是能够领会单词的意义和如何使用，他们还可以熟练掌握语法的实际应用，并能够流畅地理解语音和语调。在教授整个句子时，我们可以采用对比分析的方法。例如，教师可以考虑替换句子中的某个词汇，创造更多类似的句子，这样可以帮助学生发现其中的不同之处，并进行比较，从而总结出不同单词的含义、使用方法和句子结构的应用。在全面的教学活动中，我们既可以重视单词的价值，也可以重视语法和发音的独特

性；经过深入的对比研究，我们发现在教师的引导之下，中学生不只是能够全面地掌握各个领域的知识，他们的思维能力也得到了极大的激发，这使得他们的学习过程更加深入和稳定，同时也锻炼了他们的思维模式。很明显，在进行英语的教学时，我们应该灵活地运用基于句子的教学策略和特定的训练项目，例如语音、词汇和语法。在句子学习的全过程中，我们应当重视核心要点和难点，这样可以从多个角度推进句子的学习，使我们更加深入地理解英语的发音、词汇和语法，并加强实际的语言沟通技巧。

（六）以学生为中心的原则

1. 精讲多练

在教授外语的过程中，教师的教学方法和学生的实际操作练习被视为中心环节，它们在教学中形成了一种相互矛盾的关系。精通一种语言在本质上等同于掌握了一种社交技能。只有通过大量的实际操作和应用，我们才能真正掌握语言的知识。尽管在教室里教授语言是至关重要的，但仅仅通过讲解并不能完全取代实际的练习，因为知识并不等同于真正的技能。在日常的课堂教学活动中，学生的实际操作练习应被认为是中心环节。教师需要致力于简化即将在课堂上教授的课程内容，确保学生能够轻松地吸收和理解，并为他们提供足够的实践机会，以帮助他们将所学知识转化为实际的技能。

2. 重视学生的情感因素

当学生的认知水平保持在一个相对恒定的范围内，他们的情感状态在决定外语学习成功与否上发挥了至关重要的角色。情感因素涵盖了动机、态度、性格和心理状态等多个方面。为了给学生营造一个优质的学习氛围，教师需要采用充满活力和多元化的教学手段，营造一个轻松愉快的课堂环境，并建立一种和谐的师生关系。这样做不仅能激发学生对学习的强烈兴趣和积极性，还能让他们维持一个自信和愉悦的心态。在教学过程中，教师需要高度关注学生在情感层面上的个体差异，并根据这些差异来制定有针对性的教学策略，主要采用肯定的评价方式，而不是随便打断学生的口头表达。

3. 以学生为本，研究教与学的规律

在深入研究外语学习的普遍规律之前，我们首先需要明确学生是如何进行学习的。将学生置于核心地位意味着我们必须对外语学习的心理过程和其内在规律进行深入探讨。在整个外语学习过程中，外语教师是最经常、最仔细和最全面的观察者，因此他们应该是研究外语学习规律的关键力量。

二、中小学英语课堂教学的基本环节

英语学习的过程可以被细分为四个关键阶段：感知、理解、巩固和应用。英语课堂的关键教学环节与当前的基础教学阶段是相吻合的。中学英语课堂教学通常包括五个关键步骤：首先是有组织的教学，其次是复习（利用已有的知识来引导新的知识），再次是教授新的知识，然后是巩固，最后是布置家庭作业。一个由这五个部分组成的课程被定义为综合课，这是在日常课堂教学中最经常被使用的一种教学方式。下一步，我们会对这五个部分做一个简短的阐述。

（一）组织教学

分析的主要焦点是情感目标的五个方面——注意力、反应、重视、组织和价值。这些建议是基于巩固这五个层次的成果而制定的。起承转合可以被解释为将一节课的各种规模的活动整合成一个有方向的活动体系，这就像是将教师、学生、团队和个人的各种活动紧密地联系在一起。英语教师在教学过程中的态度、声誉、组织能力以及教学经验与组织教学效果有着紧密的联系。值得强调的是，新加入的年轻教师在组织教学活动时，应该更多地从有丰富经验的教师那里学习，这样可以更快地在学生面前建立权威，从而更有效地进行课堂教学。

（二）复习检查

复习的主要目的是对现有教材进行系统整合，并强调关键点；另一个目的是防止巩固的成果流失，同时进一步提高学生的技术熟练度；另外，为了呈现新的知识领域,我们需要回顾与之密切相关的历史资料。在正式传授新知识之前,人们通常会先做一些复习工作。然而,在整个课堂教学过程中,复习活动起到了类似于加强和巩固的作用。值得强调的是,考虑到英语课程中新旧元素的紧密结合,课堂活动中始终存在加强和复习的可能性。这种随机的巩固复习方式并不能形成一个完整的学习流程。

(三)讲授新知识

在绝大多数的英语课堂教学中,这个环节都是绝对必要的。它的突出特点是可以感知并记住新的语言内容。当有讲解的需求时,我们决不能简单地"一刀切"或"一讲到底";为了达到模仿的效果,我们应当多加讲述和实践,边进行讲解边进行基础加固。在教学活动中,教师往往倾向于从传统的知识体系中融入新的知识,或者用已有的知识来替换新的知识,他们遵循从近到远、从简单到复杂、从具体到抽象的教学策略。如果练习能够取代传统的讲解方式,那么练习应当作为讲解的替代手段;教学的时长并不是固定的,中学阶段的每一堂课都应该被限制在 15 分钟之内,并努力确保学生在学习过程中能够记住内容,而不是仅仅集中在讲解和理解上,同时也不能忽视记忆的价值。

(四)巩固操练

巩固意味着通过口头沟通和持续的实践来达到目标。在英语课程的巩固环节,我们的目标是保持、重新审视并再现新学到的语言知识和新的记忆标准。在巩固教学内容的过程中,我们应当致力于将练习活动与教学的核心理念紧密结合,确保教学内容具有多样性,同时也要注重口头和书面表达的平衡,以及点与面的有机结合;当你在进行曲线训练时,应该特别注意其在高原环境下的表现,以防止做得过多。

(五)布置家庭作业

家庭作业,又常被人们称作课外作业,它为课堂教学提供了更多的内容和扩展。该方法不仅有助于加强学生的记忆能力和避免遗忘,还可以独立地应用课堂学习的内容,因此,在课堂教学中,布置家庭作业变得不可或缺。在处理家庭作业时，我们需要考虑两个独立的方面，而不是简单地将它们融合在一起；学生的课外作业数量不应过多，以减少给他们带来的额外学习负担，并应依据各学科的总课外作业数量来评估其重要性。我们应当为任务完成的具体流程和手段提供明确的指引或示范。

以复习课程为例，由于没有承担教授新课程的职责，现在只剩下“组织教学”和“复习检查”这两个环节。在“巩固”这一环节结束之后，有些教师更倾向于对这节课的核心教学内容进行总结和概括。显然，对这一环节的扩充也是极为关键的。有些教师为了更有效地激发学生的兴趣并点燃他们的学习热情，有时会忽视“组织教学”和“复习检查”这两个核心环节，而选择直接进入第三个环节，也就是“讲授新的知识”。但是，在对课堂教学环节进行任何形式的修改或调整时，都应依据课堂教学的实际状况来做，以达到最优的教学效果为最终追求。

三、中小学英语课堂教学的问题与对策

教育者们越来越注重掌握新的教学理念，不断地改进和完善他们的授课方式，这使得课堂变得更为生动和有趣，学生对学习的热情和享受也随之增强，从而有效地提升了教学成果。但是，在中小学的英语课堂教学过程中，受到多重因素的作用，也出现了一些不和谐的情况，比如对新课程理念的误解，对教育和教学手段多样性的过度追求，以及评价方法的表面化等。这些挑战在某种程度上已经妨碍了中小学英语教育的整体质量。因此，面对当前中小学英语课堂教学中频繁出现的各种问题，我们有必要进行深入的梳理，并提出有针对性的解决方案，旨在全面提升中小学英语教学质量。

（一）照搬教师用书，以此替代备课

许多教师都持有这样的看法：他们使用的教材实际上就是教学参考书或教案。因此，在教学过程中，教师必须严格遵循教材的内容，这导致了课堂教学一直受到这种模式的限制，教师的创新能力无法得到充分的展示，学生的知识也变得僵化。众所周知，大多数教学参考资料是根据特

定模式编制的，但事实上，课堂教学是一个复杂且不断变化的过程。大部分教学参考资料在重述课本的核心内容和难点、提供宽泛的教学方法建议，以及缺乏实际操作性的教学方案时，都显得如同汪洋大海，这导致实际的课堂教学很难稳定进行。尽管新的教学课程强调了个性化的教学方法，但教师在使用教材时，主要关注的是观念和思维方式，而忽视了对实际内容的参考价值。相对地说，仅仅依赖教学参考书进行教学可能会因为当地的教学工具、学生的基本知识和教师的能力等多重因素而受到限制，这可能导致教学效果难以达到预期。

对于教师来说，备课是他们首要的任务。为了确保课堂教学的高质量，教师必须精心准备课程。在备课时，教师不能完全依赖教材，而应根据不同的地点、学校和班级来选择合适的教材。教师需要深入、有责任心地研究英语课程标准以及相关的教学方法，深入理解学生的需求。首先是研究英语课程标准。只有深入理解课程标准的核心思想，我们才能确保教学方向的准确性。其次是第二版的教学材料。在备课过程中，教师需要全面阅读整本书，以确保教学思路的完整性，深入了解教材中的关键和难点，掌握各个单元之间的内在联系和知识的外延，这样才能在课堂实践和学生学习方法的基础上，不断地调整教学方法和内容。再次是使用不同的教学方法。教师在教学过程中应当巧妙地运用启发式方法，重视教师与学生之间的相互交流，并确保教学过程的过渡是流畅的。另外，课堂不仅是教师与学生的互动场所，学生是这一互动的直接参与者。因此，在教师备课的过程中，应深入考虑学生的个性、兴趣和爱好，尽可能地与他们的日常生活相结合，深入了解他们的实际情况。同时，也应充分考虑不同学生在成绩和理解能力上的差异，为不同层次的学生提供不同层次的问题解答，并做好应对突发情况的准备。作为教师，他们需要具备出色的适应变化的能力，并能预测课堂上可能出现的各种问题。

在当前阶段，学案在学校研究领域获得了普遍的接受，并且其影响也在持续增强。学案是专为学生制定的学习方案，它包括了学习主题的选择、分析和学习方法等多个方面。学案的制定具有很高的灵活性，它可以基于特定的教学主题、方法和内容，通过在线网站、局域网络或学生聊天群等多种方式进行发布。学案在其可读性和参考性上都展现出了卓越的表现，这对于教学的流畅性是非常有益的，同时它在课堂辅助和教学方法的执行上也发挥了显著的作用。需要特别指出的是，学习案例不应只被看作一本“软件指南”，也不应随便给出明确的“答案”，而应该激励学生进行更深入的研究和探索；学案不应过于复杂或仅仅是教案化的，也不应简单地用学案来取代教材，而应将学案作为课堂教学的补充材料。

（二）教学目标定位模糊，描述不当

教学目标不仅构成了课堂教学活动的初始阶段，同时也是该活动的最终关注点。教学目标的设定是否准确和清晰，将直接影响教学环节的布局，限制教学活动的进行，并最终影响教学任务的完成。因此，为了优化英语课堂的教学成果，确立清晰的教学目标变得尤其重要。

这一目标能够从两个不同的视角进行简单解析。从学习内容的视角出发，单词学习的标准可以被细分为多个层面，这包括但不仅限于理解、认读、口头表达、听力理解和拼写等方面；从学生的视角出发，我们可以看到每个班级都有不同层次的学生，例如优秀、中级和弱势学生。但是，这个目标并没有为学习内容、学生的能力和预期的学习水平设定明确的分层标准，这无疑会导致教学方法的无依无靠，学习方法的无据性，以及学习后的不确定性。

很多教师在描述教学目标时，更倾向于使用“帮助学生理解/掌握”的方式，而对于不同的教学目标应该使用的行为动词，他们的了解则相对较少。更重要的是，这群教师在思维方式上并没有真正地改变他们的教育和教学观念，并没有把学生放在中心位置，而是始终将教师视为中心，只关注教学方法，而很少关心学生的学习方式。这个问题不只是在一些教育专家的教学计划中被提及，也在一些被誉为“卓越教案”的项目中得到了体现。

（三）面向个体，以个体代替全体

在教室环境中，有些教师可能会不知不觉地将知识传递给特定的人

或群体。如果课堂上只允许学生举手，而忽视了那些不举手的学生，这将导致一部分学生失去练习的机会，同时也会失去对英语学习的兴趣和信心。这种教学方法有可能导致学生的学习状态出现极端的两极分化。如今，众多学校的班级规模普遍偏大，学生的数量从四五十人升至七八十人，甚至有可能进一步增加。实际上，真正能够感受到教师认可和英语学习乐趣的学生是比较少见的。这也是造成学生在英语学习过程中出现极端差异的主要原因之一。因此，在进行课堂教学时，教师需要在自己的角色和关注点之间找到一个平衡点，以确保每一个学生都能体验到被高度重视的感觉。

新的教学标准明确指出，教师在授课过程中必须全面考虑所有学生的需求，并对学生的每一个细微之处给予足够的关注。为了更好地满足学生的实际口语需求，教师可以采用各种不同的教学策略，以便为每一名学生提供更多的口语实践机会。在进行教学活动时，教师应始终考虑学生的个体差异，因材施教，避免因忽略学生的实际情况而使用千篇一律的教学方法。这种做法能为所有学生创造公平的学习机会，充分展示他们的个性，并在现有基础上进一步提升他们的能力。

（四）合作学习流于形式

当我们走进英语教室，我们会发现合作式学习似乎只是表面上的一种流行趋势。在真实的教育实践中，合作式的学习方法常常仅仅是走形式。很多教师都持有这样的看法：将传统的秧田式座位改为圆形或U字形，就形成了“合作学习”的模式。很多教师选择合作是基于合作的初衷，而部分教师则不加限制地鼓励学生进行独立的合作学习。如今，这种“自主”的学习模式已经演变为“自流”，“合作”也转变为“合坐”，从过去的“填鸭子”模式演变为现在的“放鸭子”模式。整个教室都弥漫着“嗡嗡”的窃窃私语，这种合作学习方式失去了其原有的本质，也无法产生真正的合作效果。

尽管小组合作被认为是一种先进的教育组织模式，但在实际的教学活动中，它并不是绝对必需的。部分教学材料可能更适合于团队协作，但也有一些可能不是完全合适的。因此，在挑选教学内容的过程中，教师应依据具体的教学环境来做出决策，否则在课堂教学中可能会出现表面华丽的效果，但在实际操作中可能会引发“戏剧性”的不良后果。当我们进行小组合作学习的时候，有几个关键点需要注意：第一，我们需要按照“同组异质，异组同质”的标准，对班级内的所有学生进行恰当的分组；第二，每个团队的成员都应被赋予不同的角色和职责，如组长、汇报员、记录员和协调员等，以确保在合作过程中每个人都能负起自己的职责；第三，我们必须确保每一个团队都有充分的机会来展示自己，而不是因为时间紧迫就草率地结束。

当教师在课堂上进行合作式学习时，他们必须仔细挑选合作的主题、时间和方式，并运用高效的合作方法。在教学活动中，教师需要根据具体的教学需求来选择那些可能激起争议、具有教育价值但个人难以完成的教学内容，这样学生就能在独立思考的基础上进行有效的意见交流。此外，在教学活动中，教师需要精心选择适当的教学时间节点。特别是在教学方法多种多样、学生在思考问题或观点上存在分歧的情况下，关键在于所提出的问题是否能够激发学生的合作精神，以及这些问题是否值得进一步深入探讨。

（五）英语课上成综合课

新版的教学大纲明确指出，在教学活动中，教师应专注于促进不同学科之间的整合。通过积极地采用全面的学习策略，我们有能力有效地解决以往课程内容过于丰富和详尽的问题。然而，在实际教学活动中，我们观察到很多教师对学科整合的真正意义存在误解，过度追求不同学科之间的融合，这也有可能使他们走向极端。

鉴于英语这一学科的特殊性质，我们无法将其转换为美术或音乐的教学内容。不管英语教学的主题是什么学科或领域，或者教师选择了何种教学策略或工具，其核心目的始终是英语教学，是培养学生的听、说、读、写能力，而不是与其他学科共同承担教学任务。这并不代表在缺乏语言背景的前提下，英语课程能够转变为美术、音乐或手工艺的教学内容。

教师有多种途径，如绘画、游戏和实际操作，来激发学生的学习兴趣。但更为重要的是，通过这些语言活动，学生不仅可以掌握语言知识，还可以进一步发展他们的语言技能。

（六）课堂评价空洞，缺乏针对性与多样性

中学和小学的英语教师需要不断地进行自我反思，并在授课时调整他们经常使用的"口头禅"，以确保为学生营造一个有益于语言学习的环境。在进行英语课堂教学时，教师应当合理且高效地利用各种评估工具，以促进学生的学习进度。当我们评估学生时，除了要关注他们之间的知识差异，更重要的是要深入挖掘他们的个性差异，因为评估不仅仅是教师与学生、学生与学生之间的互动，它还涉及情感上的交流。同时，教师在进行评估时，应当采用各种形式且目标明确的措辞。教师的多样性、适当性、具体性和时效性的激励和评估不仅为学生创造了一个高质量的语言应用环境，同时也有助于提升学生的自信心。

（七）忽视情感的主观评价

在评估小组活动时，众多教师往往习惯性地给予英语水平较高的学生积极的目光、表扬的话语和表达意见的机会；相对而言，那些英语基础薄弱、参与度不高、思维不够敏捷的学生，往往缺少表达和展示自己的机会。如果他们给出的答案有误，他们可能会面临轻度的指责，甚至可能面临更为严重的批评。在评价学生的表现时，部分教师不应忽略个人情感因素的重要性。他们可能会对表现不佳的学生进行嘲讽或挖苦，这会导致这些学生逐步失去学习英语的信心和热情。

在公共课程设置中，为了培养学生从一开始就保持一个积极的心态，很多教师会将学生分为两组或更多的小组（比如男生组和女生组），并告诉他们在这堂课中会有一场竞争。此外，他们还会向学生们展示他们精心制作的礼品，例如鲜花、巧克力、精美的贴纸和玩具等，并告诉他们如果表现出色或配合得很好，就会收到这些礼物。在这类课程里，学生往往展现出极为主动和热情的姿态。在教室内，学生经常举起手来提出问题，这使得课堂上的热情气氛逐渐升温。因此，那些获得奖励的学生往往会感

到极度的快乐,而那些没有获得奖励的学生则会发出叹息的声音。是哪些元素使学生如此兴奋不已?显然,我们必须重视教师的聪明才智、出色的教学技巧以及卓越的课堂管理能力。然而,如果我们轻率地把学习当作一种竞赛,并在学生群体中过度、不恰当、人为地制造竞争,而忽视了学生的实际能力,那么部分学生可能会在这种竞争中感到失败,对学习失去信心。与此同时,过分依赖物质刺激可能会激起学生的情感共鸣,但这样的刺激往往是短暂且低级的,并可能使学生产生对物质的不良追求。

中学和小学的英语教师必须清楚地意识到,学生对英语学习的兴趣更多地源于语言本身的吸引力,而不仅仅是竞争或物质奖励带来的吸引力。在教学过程中,教师有责任确保学生不会过分追求个人或团队的荣誉,而忽视了知识探索的真实过程。此外,当教师面临合适的比赛和奖励时,他们需要清晰地划定边界,明确哪些是主要的,哪些是次要的,并高度重视核心教学内容,以避免混淆教学的重要性,从而使课堂教学失去其独特的"特色"。

(八)教学辅助工具"喧宾夺主"

在某些公开课程的授课中,有些教师错误地将多媒体软件当作播放的工具。他们的教学策略完全是基于电脑的投影技术,过度强调对现象的呈现,而选择使用观看投影来代替教师的授课方式,导致学生和教师都受到电脑的影响,甚至出现了没有电脑就不能参与公开课的状况。一些人对多媒体音效的过度追求,如在课件中加入鼓点、奇特的音效或过多的音乐,不仅无法提升教学效果,反而可能妨碍学生的思维,干扰课堂教学。一些人过于追求视觉上的美感,他们倾向于使用相对明亮和鲜艳的颜色,或者使用与教学主题不直接相关的图像,这种做法可能会稀释教学的核心内容,并分散学生的注意力。

在教学过程中,教师不应过度依赖投影仪,而应精确控制屏幕投影的时长,以实现教学内容的精简和精细化。这样可以更有效地在教学过程中起到穿针引线的作用,并为教师与学生之间的互动,以及学生与学生之间的交流创造有利条件。简单来说,这需要在合适的时机、恰当的程度以及适宜的环境中进行。我们决不能把课堂教学模式从传统的“一言谈”转变为被现代教学技术所掩盖的“屏幕谈”。

总体而言，作为负责中小学英语教学的教师，我们不仅需要正视当前面临的各种问题和挑战，同时也不应因这些问题而丧失自信，全面否定其中的某些教学方法。

第四章　中小学英语课堂教学设计理论

教育的整个流程是一个组织有序、计划性强的过程。教学活动作为一个有组织、有计划的活动，自然需要经过深思熟虑的规划和设计。教学设计的核心理念是，为了达到既定的教学目的，教育者会基于教学的核心理念和学生的认知结构，对教学的流程、内容、组织策略、方法和所需工具进行细致的策划和设计。在这个章节里，我们会共同深入研究与现代英语教学设计有关的各种主题和知识。

第一节　英语教学设计的内涵

一、教学设计的内涵概述

（一）教学设计的内涵

1. 教学设计是一个过程

教学不只是一种简单的活动，它在根本上也是一个持续不断的过程。教学设计不只是教学前的预备步骤，它同样是由一系列可以分解的环节组成的。

不论是在国内还是国外，许多学者普遍认为，教学设计的核心应该是采用系统化的方法来探索教学中的问题、研究解决这些问题的策略和路径、对教学成果进行评估，并对教学计划进行修订和确定。

2. 教学设计是一项技术

从教育者的角度来看，教学设计可以被认为是一种能够显著提升教学效果的先进技术，并且它具有很高的实际操作性。

教学设计被视为一种特殊的设计策略，其主要目的毫无疑问是提高教学的实际效果。基于目前的学习背景和积累的经验，策划高效的教学活动显然成为教学设计的中心议题。

教学设计作为一种技术工具，是基于现有的理论、方法和技术进行构建的。为了更好地掌握这一技术，我们显然需要对这些已存在的理论、方法和技巧有更深入的了解。

3.教学设计是一种理念

教学设计被认为是一种理念，它不仅强调了教学的重要性，而且进一步突出了学习在整个教学过程中的极其重要的角色。无论采用哪种教学设计方式，对学生的深入分析始终是其关键组成部分。

从这一视角出发，教学设计在本质上是一种预设的、以满足学习者需求为中心的教学活动观念。只有当我们深入地理解并实践这一核心思想，我们才能真正掌握并实施教学设计。显然，通过前面的分析，我们可以认识到，教学设计不只是一个简单的流程，它更多的是一种技术工具和一种独到的教学哲学。

（二）教学设计的理论基础

尽管教育教学经历了一段不短的历程，但其设计和实施的时间却显得相对较短。虽然有这样的情况，但教育的丰富历史已经孕育了许多教育观念，各个学科都在研究与教育相关的议题。所有学科都对教育问题进行了深刻的反思，这为教学设计的建立和进一步发展提供了坚实的理论支撑。在这个领域里，有许多不同的理论观点存在，其中包括认知学习理论、学习理论和教学理论等。

经过对多个研究领域和实际操作的深入探讨，我们得出结论，教学设计的理论基石主要围绕三大核心理论：首先是系统理论，此理论将教学设计推向了哲学的高度，确保教学设计不只是围绕教学内容展开；其次是关于教与学的理论（学习理论和教学理论），这一理论基础主要覆盖了学习理论和教学理论这两个核心领域，为教学设计的深入研究提供了一个基本的出发点；最后一个理论为传播理论，这构成了技术领域的理论基石。

1. 系统理论

系统理论的观点是，在这个广阔的世界中，每一个事物都可以被看作一个完整的系统，同时所有被研究的对象也都可以被看作一个完整的系统。这个理论认为，为了实现系统的最优状态，我们需要从一个更全面的角度来审视系统的各个组成部分及其之间的相互作用，以及系统的整体结构和功能。显然，我们应该对系统、组件以及环境间的相互作用和变动模式进行深入的研究，并基于这些研究成果来优化系统的总体框架和它们之间的互动模式。基于这一理论视角，我们可以将教学看作一个完备的体系，它涵盖了教师、学生以及教学环境等核心元素。鉴于教学构成了一个全面的系统，其整体性在多个层面都得到了体现。例如，教育目标应该是一个完整的体系，并且教学过程中的每一个步骤都应与这一整体目标保持一致；实际上，教学流程构成了一个连续的系统，由各种具体的教学活动组合而成。

2. 学习理论

如果我们希望对学习理论有更深层次的理解，首先需要对一些与学习相关的知识点有深刻的认识。通过观察学习过程，我们可以明白这是一个通过个体的实践活动来激发其行为和能力变化的过程；通过对学习成果的观察，我们能够认识到这是一个在特定情境下，特定行为能力不断进化的过程。学习理论是心理学的一个子领域，其主要的研究焦点是探索人类学习行为的基本特点及其形成的机制。基于多个认识论的视角，心理学家们提出了多种多样的学习理论。在当代社会背景下，最具影响力的学习理论主要可以被分为三大类：行为主义学习理论、认知主义学习理论以及建构主义学习理论。

从整体角度看，学习在教学活动中起到了不可或缺的作用，同时，学习理论对教学策略和设计的影响也是不容小觑的。因此，把学习理论整合到教学设计的理论结构中变得尤其重要。

3. 教学理论

当代的教育观念强调，教育的主要目的应该是促进学习的进程。为了达到预定的教学目标，建立科学的教学观念变得尤为重要。目前，最具影响力的教学观念主要集中在程序性教学思想和结构主义教学思想等方面。

程序教学的理念基于行为主义，而这一思想的杰出代表是美国知名的教育心理学家斯金纳。这一观念强调，教育的关键在于为学生搭建一个合适的学习路径，并设计出最有效地加强刺激内容。为了实现预定的教学目标，我们需要执行一套详细的操作流程，这主要是基于教学内容的难易程度来规划从基础到高级的教学活动步骤。程序教学理念对教学设计产生了深刻的影响，这是因为它提倡可以创建固定程序的教学工具来辅助学生的学习过程。

在结构主义的影响之下，结构主义的教育观念逐渐形成。其中，美国知名的心理学家布鲁纳是这一思想的杰出代表。他持有的观点是，每一个学科都是由若干基础结构所构成，这些结构涵盖了一系列核心概念和原则，例如数学中的交换律、分配律和结合律等。遵循结构主义的教学理念，我们在教学过程中应当坚守动机、结构、程序以及强化等基本原则。

4. 传播理论

传播理论致力于深入探究信息传播行为的通用规律。这一理论强调，人们的所有社交活动都应被看作信息的传递工具，在当代社会的大背景下，如报纸、电视和互联网等主流媒体已经变成了主要的信息传递途径。从这个理论的角度出发，教学在本质上是教师和学生之间进行的信息交流活动。因此，在开展教学研究时，传播理论的引导是绝对必要的，与此同时，对教学设计的深入研究也是关键的一部分。

以上描述充分显示，在本质上，教学活动是一种信息传播活动。因此教学设计显然需要传播理论作为理论基础。

在进行教学设计的过程中，设计中的各种独特性质都被完整地呈现出来。举例来说，教学设计通常被认为是教学活动开始前的一个预定阶段，它是在当前的教学理念、方法和技术基础上进行的后续步骤，在实际教学活动中，可以对其进行适当的调整和修订。很明显，教学设计的理论结构正在经历一个不断进化的时期。随着时间的推移，可能会涌现出一些创新的理论观点，这些建议将为教学设计的理论视角的进一步拓展和加深提供动力。

二、英语教学设计的内涵

根据我们之前对教学设计的描述，我们可以阐述英语教学设计的核心理念。更明确地讲，英语教学设计是一个过程，在这个过程中，教师会根据学习者的个性特点和其他外语学习的需求来进行分析，并据此制定英语教学的目标、流程、策略和技术，然后进行评估和反馈，从而为英语教学做好充分的准备。

我们可以将英语教学设计的核心思想总结为：它代表了一种外语的教学理念，一种语言学习的理论，以及一种外语教学的技术。下一步，我们会对这个问题进行详尽的阐述。

（一）体现了外语教学理念

英语的教学方法有很多种，包括但不仅限于语法翻译法、直接法、听说法、情境法和交际法，这些方法都对英语的教学过程产生了积极的影响。根据特定的教学主题，选择不同的教学方法可能会产生不同的教学效果。如果没有恰当而又适合的策略，任何一种教学法也不一定能取得预期效果。因此，在制订英语教学计划时，我们必须根据各种独特的教学内容、目标、学生的个性和所处的教学环境，选择最适合的教学方法，确保整个教学流程、方法和活动都是科学且适当的，这样才能更有效地提高学生的英语实际应用技能。

（二）体现了语言学习理论

在语言学习领域，有许多不同的理论观点，如行为主义、认知主义和建构主义等，这些观点都经过了深入的探讨和研究，最终形成了一个完整且内容丰富的语言学习理论框架。从行为主义的学习视角来看，刺激—反应（S—R）在语言学习，尤其是外语学习中，对于知识的累积和技能的掌握发挥了极其重要的作用。在认知主义学习理论的框架内，各类信息处理活动，包括但不限于感知、记忆、提取、鉴别、比较、分析和综合等，都为语言学习提供了有力的推动力。特别是在英语知识的掌握和听力、阅读技能的培训方面，这些活动显得尤为关键和重要。建构主义的教育理念包括以学生为核心的观点、自我建构的观点以及语境理论等，这些都是语言，尤其是外语学习的关键理论支柱。依据这一理论框架，我们可以断言，英语学习是一个在特定的语境和其他多种因素推动下，通过信息处理手段，对外语的知识和技能进行自我塑造，进而培育出实际应用英语的能力的过程。

（三）体现了外语教育技术

教学设计不只是一种教学手段，它是基于系统理论、传播理论和设计理论构建的，并且在英语学习过程中发挥了极其重要的作用。更明确地讲，英语学习是一个多方面的项目，在此过程中，学习目标、学习内容、学习流程、学习活动以及评估活动都应依据系统理论来进行规划。从传播学的视角出发，英语教学可以被认为是一种教育传播的手段。在我国，英语教育资源明显不足。因此，在这种信息传播环境下，教育工作者需要对传播的主题和受众进行深入的分析，并制定合适的传播策略，这样才能确保信息的有效传递并推动学生的个人成长。

简言之，英语的教学设计是一种特定的设计过程。为了确保教学的科学性，教师需要对教学手段、学习流程、学习活动和评估活动等方面有深入的理解和掌握。

第二节　英语教学设计的模式

一、分析模式

1. 学习需求分析

需求分析作为教学设计的初始步骤，如果没有适当的需求分析，就很难确保教学设计具有良好的适应性。在教学设计的过程中，学习需求定义为学习者目前所掌握的知识、技能和素质与其学习目标预期的知识、技能和素质之间存在的差异。换句话说，教学期望达到的学习状态与学习者当前的学习状态是等同于学习需求的。学习需求分析的目的是通过科学和系统的研究与分析来明确学习者的具体学习需求。

确立明确的学习目标是进行学习需求分析的核心环节。在设定学习目标时，我们需要综合考虑社会和个人的发展需求，同时也要充分利用各种可用资源（如教师、学生、教学设备、教学媒介、教学材料和教学资金等）以及其他相关的激励和限制因素，以确定一个既合理又科学的学习目标。为了确立科学合理的学习目标，我们可以在时间管理方面投入更多努力。

在英语的教学设计过程中，进行学习需求的分析显得尤为关键。在确定英语学习目标时，我们必须结合社会的需求和个人的成长需求，进行科学的规划。当前，因为学习目标的设定存在不合理之处，我国在基础教学阶段的英语教学正面对诸多挑战。

在设定的总体目标中，我们确立了一个针对所有学习者的外语教育目标，即培养他们的外语应用技能，但这并不意味着我们希望每一个国民都能成为外语的使用者。对个人而言，大部分英语学习者都设定了中考、高考等外语学习的目标，大部分学生是根据考试内容来选择学习的，只有极少数学生是因为想要掌握一门语言而选择学习。

更具体地说，在课程目标方面，许多教师将词汇和语法作为主要的学习焦点，并期望学生在一个课时内完全掌握所有词汇和语法内容，而不是仅仅关注他们的学习能力。

2.学习者分析

准确地分析学习者是成功进行教学设计的关键要素之一。学习者分析的目的是通过深入的调查和分析，全面了解学习者的学习方式、心理状态、已掌握的知识和技能等方面，从而为教学内容的筛选和组织、学习目标的设定、教学活动的策划以及教学方法和媒体的选择与应用等方面提供科学依据。从学习者的角度进行分析是教学设计的初始步骤，所有的教学设计活动都是基于对学习者特性的深入研究。

3.学习内容分析

对教学内容进行深入分析是选择教学内容的基础。对教学内容的探讨可以分为两大部分:一是对教学内容的合适性进行分析,二是对教学内容进行细分。按照国家英语课程标准的要求,英语课程的学习内容涵盖了情感态度、文化认知、学习方法、语言知识和语言技巧这五个方面。具体的学习材料是由课程标准所规定,并通过教科书来实施的。

对学习内容进行分析的核心目标是帮助教师和学习者明确他们在教学过程中需要学习的内容,这与教学目的是紧密相连的。

现阶段,在我国的英语教育体系中,英语教师在分析英语学习内容时,通常能够很好地掌握其语义和语境,但遗憾的是,绝大多数英语教师在掌握语用内容方面存在一定的困难。在对教学内容进行分析时,经常只关注语义或语境,却忽略了语用方面的内容,这种情况严重影响了学生的语用技能。

二、设计模式

1.教学策略设计

教学策略实质上是对教学过程中的教学思维、方法模式和技术手段这三个方面的动机进行简单的整合,它是教学思维对这三个方面动机进行思维策略加工后形成的一种方法模式。从这个意义上说,教学策略就是教师为了完成某种特定的教学要求所采取的各种行动手段与活动程序。教学策略可以被定义为一种全面的方案,旨在实现特定的教学目标,并在教学过程中得到实施。从这个意义上说,教学策略就是要解决好“教什么”“怎么教”和“学什么”等一系列相关问题。这涉及对知识和技能的教学内容进行有组织的布局,对教学过程中可能出现的系统性问题和学生预期的反应进行规划,以及设计教学的组织策略和媒体信息的展示方法。从某种意义上说,教学策略就是教师通过这些要素的有机结合来达到一定教学效果的手段或方法体系。更具体地说，这包括如何分配课时、如何规划教学顺序、如何组织教学活动，以及如何选择和设计教学组织的形式。在设计教学策略时，除了要充分考虑教学目标、教学内容和学习者的特点外，还需要充分考虑实际的教学环境和条件。我们需要创新地规划教学活动，巧妙地安排每一个环节，并合理地配置所有相关因素，以形成一个系统的、全面的教学设计，确保其能够充分发挥整体的教学作用。

2. 教学过程设计

在英语教学设计中，教学过程起着至关重要的作用。教学过程实际上是一个由多个教学活动组合而成的连贯流程，其目的是达成预定的教学目标。在其漫长的发展历程中，英语的教学哲学逐渐确立了以学习过程为核心的任务导向教学，这也正是英语新课程所推崇的教学方法。

任务教学过程可以被定义为一种教学方法，它以特定的学习任务作为学习的驱动力或驱动力，以完成这些任务为学习的核心，并通过展示任务的成果来展现其教学成果。

3. 教学技术设计

无论是传统的黑板和粉笔，还是现代的电子技术、互联网和多媒体手段，教学都离不开这些先进的技术，采用这些技术手段，都是为了确保教学质量得到有效的提升。在现代教育中，教师要想使学生能够获得较好的教学效果，就必须对自己所采用的教学方法和手段进行改革创新。因此，在进行教学设计时，教学技术的设计是不可或缺的。

教学技术的设计涵盖了如何选择和使用教学媒体，以及如何利用这些媒体来辅助教学过程的规划。教学媒体是一种特殊的信息载体，它可以将教学信息传递给学生并使其接受，同时也能对教师在课堂中实施教育进行反馈调节。这样的教学设计应当综合考虑学习目标、学习内容、学习者的特性、教学策略以及教学过程。根据各种教学媒体的独特功能和特点，选择和设计相应的教学媒体辅助活动是至关重要的，因为不同的教学媒体在教学功能和效果上存在差异，没有一种媒体能够完全适应所有的教学内容和情境。

如何选择教学媒体以及如何设计教学媒体来辅助教学活动，这两者都会直接决定学习目标的实现和教学策略的执行。

三、评价模式

1. 确定学习成效评价标准与方法

教学设计的核心目标是增强教学的有效性，而教学目标的实现程度则是衡量教学设计有效性的决定性因素。同时，学习成效的评估构成了评价教学有效性的基石，因此，设定明确的学习成效评价准则是进行教学评价的基础条件。从评估的目标来看，学习效果的评价可以细分为诊断性评价和学业表现评价等几个方面；从评价的形式上看，我们可以将其划分为形成性评价和总结性评价，也被称为终结性评价。

评估学习成果的准则应当以设定学习目标为核心，例如，诊断性评价的准则应基于学习过程中的具体情况来设定，而学业成绩的评价标准则可以直接根据学习目标来设定。

形成性评价是一种常用于评估学习过程的方法，其评价标准可以根据具体的评价需求来设定；总结性评价经常被用来衡量学业表现，而这些评价主要是依据学习的目标来制定的。

2. 形成性评价

形成性评价是在教学过程中，为了优化和完善教学流程，确保教学目标得以实现，而进行的一种评估学生学习成果的方法。它主要通过教师的课堂提问、讨论等方式来收集信息，然后根据这些信息对教学效果做出判断，最后再依据结果给予相应的改进措施。形成性评价的目的是优化和完善教学流程。它要求教师从不同方面对每个学习者进行评定，以便了解其能力与特点。形成性评价不仅可以激发学习者的学习成就感，还可以增强他们的自信，有效地管理自己的学习进程，从而使他们成为评价过程中的一个积极参与者。

3. 总结性评价

总结性评价是基于预先确定的教学目标，对被评价对象实现这些目标的程度，也就是教学效果进行评估。总结性评价主要关注学生对某一学科的全面掌握程度，其概括能力相对较高，测试内容覆盖范围广泛，通常在学期中段或学期结束时进行，而进行的次数相对较少。

对学习者的综合语言应用能力的发展水平进行总结性评价是一个关键的测试方法。在进行英语教学设计的综合评估时，应根据课程标准的规定来进行，特别是要重点测试学生在特定环境下的英语实际应用能力。

在进行总结性评价时，应依据教学的各个阶段的目标来确定评价的具体内容和方式，这包括听力、口语、阅读、写作以及语言知识的应用等方面。

第三节　中小学英语课堂教学设计的依据与原则

一、中小学英语课堂教学设计的依据

在英语教学中，不论是宏观设计还是微观设计，不论是整堂课的设计还是片段的设计，我们都应以语言学教学理论为依据，着重考虑以下三个方面。

（一）教学目标

教学目标定义为学生在完成学习任务之后所能达到的水平，它代表了预期的教学效果，并作为组织、规划、执行和评估教学活动的基础起点。不同的学科有不同的教学目标。我们可以将教学目标划分为长远的目标和短期的目标。长期的目标，例如在英语教学中“培养良好的语感”“加深对目标语言文化的理解”“培养逻辑思维能力”“培养爱国主义精神”等，这些目标不能在具体的教学过程中一次实现，而是需要长期努力。短期的目标则一般认为是一个阶段或一学年的工作计划，它反映了教师对本学

期教学内容和教学方法的安排。所谓的近期教学目标，主要是为了明确一堂课应该教授哪些主题，并通过哪些具体的教学活动来进行学习。它是一个动态发展过程，也是教师根据实际情况制定并实施的一种教学策略。通常，教学目标是通过能够观察到学生行为变化的语言来描述的。

（二）教学过程

随着时代和生活环境的变迁，学生的各种特质也会发生变化。因此，在设计教学内容时，我们需要对学生的兴趣、知识背景、认知特性以及智力水平等方面进行全面的分析，这将作为制订学生学习计划和选择教学方法的重要参考。在教学活动中，我们应当最大限度地利用各种媒体资源，尤其是现代教学媒体。然而，选择教学媒体不仅需要考虑每种媒体的独特性质和功能，还必须考虑到教学系统中其他元素之间的相互作用。媒体的选择应基于内容和学生的认知习惯，因此，我们应该鼓励教学媒体的多样化使用。

（三）教学评价

教学活动是目标明确、组织有序的过程。我们的目标是助力并推动学生的学习进程。通过精心设计的教学方案，教师能够清晰地设定教学目标，明确实现这些目标所需的方法，并清晰地检查目标达成的途径。课堂教学设计在协助教师降低课堂教学的随机性和优化教学方法方面起到了至关重要的作用，它也是教师应当掌握的关键教学技巧之一。

二、中小学英语课堂教学设计的原则

（一）紧密结合教学目的和内容

英语的课堂教学活动应当是有组织、有目标的。教学活动的目标是确保学生能够通过这些活动将他们所掌握的语言知识进行熟练的应用。因此，在设计课堂教学活动时，必须紧密围绕这一节课的教学目标和具体教学内容来进行。

(二)具有趣味性和多样性

令人感兴趣和吸引人的事物可以促进记忆。因此,在小学英语教学中,教师应该努力创设一种轻松愉悦、富有情趣的课堂教学氛围。考虑到英语学科的独特性和学生的年龄特征,教师应该采用多种灵活的教学策略和方法,创造出丰富多彩的教学环境,激发学生的学习热情,激发他们的学习兴趣,并进一步提高所有学生的英语学习积极性。因此在小学英语教学中采用任务型教学法是一种非常有效的教学方式。这一方法促使学生从被动地吸收知识转向主动地参与学习,从"被迫学习"的状态转变为"主动学习"的状态。

(三)注重教学情景化设计

生活化教学实质上是一种基于实际生活环境的情境化教学方法。在情节背景中提供充足的学习资源是最为高效的方法。因此,在设计教学内容时,我们应该更多地运用情境法,使学生能够在真实的生活环境中学习外语,激发他们使用英语进行活动的热情,并将日常生活融入课堂中。教师可以利用日常生活为学生创造一个生动和真实的语言环境,通过使用实物、图片、简笔画和教具来巧妙地设置情境,并通过角色扮演和模拟生活来进行语言实践,同时还可以利用媒体技术来创造充满活力的情境。

第四节　中小学英语课堂教学设计的基本程序

课堂教学设计不只是教师备课和编写教案的基石,它更是展现教师教学技巧、凸显教师独特的教学风格和特点的关键手段。为了提升课堂教学的品质,我们必须对课堂教学设计进行优化,接下来我们将详细介绍课堂教学设计的各种方法和基本流程。

一、中小学英语课堂教学设计的基本流程

(一)依据课程标准和学情确定教学目标

确立教学目标作为教学设计的初始步骤,将贯穿整个教学设计过程。在确定教学目标时,需要注意以下几个方面:首先,必须根据课程标准和

学生的学习情况来设定,既要遵循课程标准,也要坚持"以学生的发展为中心"的原则,立足于学生的实际情况;其次,教学目标必须是具体和可操作的,避免提及那些单一课程无法满足的标准;最后,我们需要融合文化、道德和教育等多个领域的元素,特别强调情感、态度和价值观的重要性。

教育目标应当强调"学生为核心"的理念,这不仅是教师应当追求的,同时也是学生应当追求的。因此,我们需要明确学习的具体目标,并深入分析学生在从学习的初始阶段到学习的结束阶段所需要掌握的知识、技巧以及他们应当培养的态度和行为模式,也就是确定学生在学习过程中应当掌握的知识和技巧。

(二)依据教学目标,整合教学内容,突出重点、难点

在确定了教学目标之后,我们首先需要考虑的是具体的教学内容。一方面,我们需要充分利用教材,深入分析其内容,并明确其中的关键和难点;另一方面,我们需要根据学校的实际情况和学生的学习背景,对教材内容进行适当的融合,加入更具时代特色、反映学生日常生活的教学元素。在此情境下,我们需要警惕两种趋势:其一是与教材脱节,选择另一种方法;其二是以基础为出发点,严格按照这一基础来进行教学。

(三)依据教学内容,选择教学策略

在确定了教学内容之后,我们应该思考如何向学生展示教材,并为他们提供学习的方向和建议;思考如何有效地达到学习或教学的目的。为了解决"如何学习"和"如何进行教学"的难题,我们应当思考如何选择和使用教学媒体,并根据具体情境挑选合适的教学媒体或教学资源。

(四)为每个教学环节设计恰当的教学情境和探讨活动

为了让学生真正体验并在交流和教师的引导下获得深刻的感悟,实现教学目标,我们必须精心设计合适的活动和情境。因此,这个环节在备课过程中是最为细致的部分,也是使课堂教学更加生动、富有特色的核心环节。在设计活动和情境时,我们需要深入考虑以下几点:首先,要重视活动的深层含义,确保活动具有针对性和深入性,任何与教学内容和主题不符或过于创新的活动都不应被采纳;其次,所有的活动都应基于学生的实际生活经验,为学生提供独特的体验空间,为学生提供解决问题的机

会，并为他们的实践活动创造更多的空间；再次，活动的设计需要细致入微，需要全面考虑活动的各个环节、学生在活动中可以采取哪些行动、教师可以采取哪些措施，以及如何逐步深化活动以确保其效果；最后是强调在活动进行时的反思和总结，一方面要对学生在活动中的表现给予及时的评价，以不断提升学生进行活动的能力；另一方面，应该鼓励学生在各种活动中深入体验和感悟，确保教学内容与活动紧密结合，从而通过这些活动达到更高的教学效果。

（五）对照教学目标，反思教学环节，实行教学设计评价

这个阶段实际上是对课堂教学设计进行一次重新的思考和审视。这个过程不仅确保了课堂教学设计的精确性和主题的紧密性，而且在反思的过程中，也能不断提升课堂教学设计的能力。同时，我们也应思考如何科学地评估和测量教学成果，思考如何激发学生的兴趣并给予他们相应的反馈。在对学习和教学行为进行评估时，我们不仅要以目标作为评价的基准，还要确保评估为我们提供了关于教学成果的反馈。这样，我们可以重新审视教学设计的每一个步骤，并特别关注目标和策略的决策。

二、进行课堂教学设计的注意事项

（一）吃透教材，了解学生，把握好教学重难点

教学的重点集中在三个核心领域：那些在学科知识结构中占据核心位置并发挥关键作用的学科知识和技巧；那些对学生一生都有益的学科思维、理念和策略；当学生在学习过程中遇到难题时，他们需要迅速地寻求帮助和解决方案。所谓的教学难点，指的是那些过于抽象、与学生的实际生活经验相距甚远、学习过程异常复杂，并且学生很难完全理解和掌握的知识、技巧和方法。在教学中，重点和难点之间存在某种程度的关联。某些内容更多的是重点而非难点，有的是困难而非重点，而另一些则同时是重点和难点。

总体来说，课堂教学是为了达成既定目标而进行的，明确教学的重点和难点是为了更清晰地设定教学目标，这样在教学过程中就能更有效地突出这些重点和难点，从而更好地服务于教学目标的实现。身为中小学

的英语教师，必须对课程标准有深入的了解，对教材进行细致的研究，掌握学生已有的知识和技巧，并擅长从经验中吸取教训。只有这样，才能准确把握教学的重难点，并最终达到教学的预期目标。

（二）深入挖掘教材资源，创造性地实施教学活动

教材中的教学资源可以被分类为以下几种：第一，与课堂活动和课外实践活动相关的活动资源；第二，为学生提供了如美文、诗篇、名言等用于自我体验和感悟的资料；第三，故事、漫画和各种现象等都是可以用于深入挖掘、分析、提出问题和进行讨论的资源；第四，涉及概念的解释、方法论的指导以及资料和条文等方面的知识。我们有责任深度研究和广泛应用教材中的信息资源，以确保教材内容与实际应用场景紧密相连，并让原本静态的知识变得更加生动和动态；与此同时，教学材料的内容也应当进行适当的扩充，紧密关注当前时代的发展动态，并从学生的日常生活中提取有用的素材，以便为他们提供丰富多样的学习资源。从宏观角度看，当我们规划教学内容的时候，必须对教材持有一个正确的看法。我们不仅要对教材进行深入的分析和解读，还需要从教材本身的角度进行反思和创新，确保我们能够真正地掌控教材的内容。

（三）优化教学方法，加强对学生学法的指导

深入探讨教学与学习的策略是提高课堂教学成果的核心部分。随着教育改革的深入发展，传统教学模式已经无法满足现代学生对知识获取能力的需求，所以必须改变教学方式以适应新时代的要求。在新的课程教学中，我们对体验式小组合作教学方法和案例教学方法进行了深度探讨。这种教学方式既能够培养学生独立思考、解决问题等综合能力，又能使学生学会分析问题和解决实际问题的策略。基于各种不同的教学主题，我们采纳了各种不同的教学方法，并在某些情况下将这些方法融合，从而实现了出色的教学成果。通过对课堂实践的反思发现，这种教学方法对于提高学生学习的兴趣以及培养良好的思维习惯都具有积极作用。在实际的教学过程中，我们深知研究教学方法与学习方法的引导是紧密相连的。因此，我们需要对学生的学习差异进行深入的分析，并为他们制定有针对性的学习策略，同时也要鼓励他们采纳自主学习的方式。因此，

为了提高课堂效率，我们必须重视对学生能力培养的策略研究，即如何帮助每个学生更好地发展自己的知识经验、技能技巧及解决问题的方式方法等方面的教育。对于这一议题，有几个核心因素需要格外重视：确保给予学生充分的独立学习时间和空间；我们通过精心策划各种不同的场景和活动，以及与这些活动紧密相关的问题，激励学生独立地构建这些场景和活动，并主动提出他们的疑问；帮助学生学会分析材料和解决问题，从而形成自己独特的观点。我们致力于帮助学生熟练掌握各种学习方法，培育他们的思考技巧，并深度体验学习的每一步，同时确保他们掌握了高效的学习策略。

（四）培养合作意识，养成及时反思总结的习惯

在设计新课程的教学策略时，我们始终坚持一个理念，那就是强调团队的集体智慧和实力，通过团队备课，能够实现有效的沟通、启示、学习和共同进步。然而，我们必须清楚地认识到，在集体备课的过程中，除了资源的共享之外，每一个参与者都应当肩负起特定的职责和任务。在合作的过程中，我们不能失去自我，要展现出独立的思维，对待他人的成就要持有谨慎的看法，并从中吸取与自己相匹配的元素。在教学活动中，教师需要掌握如何总结和反思自己的工作成果，每一堂课都应对教学目标的实现情况进行深入的反思，并且每周都应对教学过程中出现的亮点和错误进行阶段性的梳理和总结。只有通过总结和深入的反思，才能真正提升自己，这是每位杰出教师所必需的品质。

三、教学设计与教案的区别

教案被视为课堂教学活动设计的最终书面表达，它构成了每一节课实施的基础框架，主要包括每节课的教学目标、教学内容、教学方法以及实施手段。因此，编写教案的整个流程可以被看作教师在掌握教材的基础上，制定了教学实施的具体方法和步骤。教案为教师提供了明确的教学内容和方法的指导，它反映了教师独特的教学理念、方法和技巧，而不是一成不变的编写方式。然而，每一个教案的核心框架都涵盖了学生的分析、教材的解读、教学的目的、采用的教学方法、整个教学流程以及课后

的反思等六大部分。

教学设计有别于教学计划和传统的教案,主要体现在以下四个方面。

一是出发点不同。教案通常仅从教科书或教师预设的问题开始,例如定语从句,主要集中在解释其定义、结构和功能等方面,而很少从学生在掌握这一语言现象时可能遇到的问题来进行教学考量。实际上,教学设计是基于学生的具体问题来进行的。

二是编写形式不同。教案,也被称为课时教学计划,主要是为了执行教学计划而制定的,它基于课时来构建实际的教学策略,并为课堂教学提供关键的参考。其编写过程表现为单向和线性的模式。在新的课程观念指导下,教学设计旨在对教学流程进行深入的拆解和重塑。在课堂教学的流程设计中,除了遵循"目标—策略—评价"的核心思路外,还引入了"活动—体验—表现"这一创新的教学流程。在现代的课堂教学中,更加重视学生的积极参与,鼓励他们在观察、应用、讨论、质疑和探索的过程中,通过情感体验来深入理解和学习知识,从而进一步完善他们的人格特质。在教学过程中,我们更倾向于采用多元化和开放性的方法。

三是编写内容不同。教案通常包括班级、学科、课题、上课时间、课的类型、教学方法、教学目的、教学内容、课的进程和时间分配等。其中一些还详细列出了如何使用教学媒体、作业题目、板书的设计以及课后的自我评估等方面的内容。在制定教案时,我们更多地关注的是"教"的策略,而非"学"的策略。在教学设计中,对"学习"的策略给予了高度的重视。在教学设计中,我们为"学"设定了清晰且具体的教学目标,旨在激发学生对英语学习的热情,鼓励他们独立地掌握英语的基础知识和技能,并能对自己的学习成果进行客观的评估和判断。此外,在新的课程观念影响下,教学设计与传统教案的主要区别在于,它不只是课堂教学的基础。在教学设计方面,首要任务是激发教师进行理性的教学思考,并在教学的元认知能力方面实现提升。只有这样,才能真正实现教师和学生共同发展的教育目标。为了达到这个目的,教学设计中的自我评估成为教学设计过程中的关键组成部分。从时间维度来看,教学设计被划分为三个不同的阶段:首先是课程准备阶段的设计,其次是课程实施过程中的二次设计(即时发挥和创意),最后是课后的反思性设计调整。相较于教案,教学设计更能遵循教学规律，从而更容易实现最佳的教学成果。

四是对教学目标的理解和陈述不同。这两者在目标的多个维度、目标陈述的主体以及目标陈述的功能等多个方面表现出明显的差异。在教案设计中，教师作为主要的解释者，教材和教学方法作为核心，目的是帮助学生掌握必要的知识和技能，解决实际问题，而在描述教学目标时，仅关注知识和技能。

第五章　小学英语教学设计

在利用这套教材时，使用者需要深入了解英语的语言技巧以及教学语言知识的策略。语言的技巧与知识构成了综合语言应用能力的根基。语言能力、语言知识、情感态度、学习方法和文化认知是相互补充的，它们共同推动了综合语言应用能力的建立和成长。

第一节　小学英语语言技能教学

掌握语言知识与运用语言技巧是密不可分的；语言技巧的进步是建立在语言知识应用之上的。在学习的过程中，这两者的进展并没有根本的先后顺序。经过修订的英语教学标准鼓励教育者为学生创造学习环境，使他们在观察、体验和应用语言的过程中，不仅能够掌握语言的知识，还能培育他们的语言技巧。这两者具有同样的重要性。

一、小学英语语言技能教学的重要性

语言能力涵盖了听、说、读、写这四大技能，以及它们的综合应用技巧。这四项技能构成了学生交流的核心方式，并为他们提供了培养综合语言技能的平台。对小学生来说，发展语言技巧在他们的语言学习和成长过程中起到了至关重要的作用。首先要明确的是，语言充当着思想交流的媒介。掌握语言的核心目标是将所学应用于实际生活中。其次，语言技巧构成了综合语言应用能力的核心部分。如果缺乏语言技巧，那么学习语言就会变得毫无意义。再次，语言技巧构成了学生持续学习英语的关键基石。如果没有合适的语言技巧，那么继续学习和提高语言能力

仅仅是口头上的承诺。最后，语言能力不仅是衡量一个人语言修养的关键指标，也构成了一个人全面素质的重要部分。如果在学习英语的过程中未能掌握语言技巧，那么素质教育的目标也将难以达成。

儿童时期是学习语言的关键阶段和最理想的时机。孩子们的语言技能是在日常的语言环境中逐渐习得的，也就是说，他们是通过听别人说话然后模仿来发展的。他们在学习英语时，主要的方式也是模仿。小学英语课程是一种基础性和启蒙性的教学内容，其主要目标是激发孩子们对英语学习的热情，并促进他们的身心健康。因此，该课程应注重与其他学科中最基础、最有趣和最容易掌握的知识进行有效融合。课程的组织主要以孩子们的实际体验和多种活动为主线，以激发学生对英语学习的兴趣，并促进其身心全面发展。

二、小学英语语言技能教学目标描述

在课程标准中，一级技能目标主要集中在接受性技能上，例如，通过听英语来识别物体或根据指令做出响应。读写的目的是辨识和书写简洁的单词、句子和标记。在小学的初级阶段，特别是在三年级，许多学生虽然能通过图片说出单词或句子，但在看到单词时却无法读出，也就是说，他们能够通过图片阅读但却不能正确地认读单词，这表明课程标准的要求并没有得到有效的执行，因此需要给予足够的重视。在这里，我们需要明确区分三个核心概念：认读、朗读以及阅读。认读主要涉及对单词的识别，即在看到某个单词后能够理解其含义，并不一定需要大声朗读。朗读意味着大声读出，不仅可以读出单词，还可以读出句子、课文或故事。朗读的初衷并不是为了理解，而是为了练习语音和语感，为未来的口头表达技能打下基础。严格地说，阅读是一种默读方式。其实，这意味着我们可以通过文字来解读文字的含义，或者直接从文字中获取有价值的信息。

二级技能目标不仅包括大量的接受性技能培训，还涵盖了一些基础的语言表达训练，主要目标是建立坚实的语言基础。二级技能目标对于听、说、读、写都设定了清晰的标准。

第二节　小学英语语言知识教学

一、小学英语语言知识教学的重要性

语言知识构成了培养学生语言技能的根基，无论是在听、说、读、写这四个方面，还是在综合语言应用能力的提升上，都离不开语言知识的坚实支持。在小学阶段，学生需要掌握和学习的英语基础知识涵盖了语音、词汇、语法、功能以及话题等五大领域。语音构成了听力理解与口头沟通的根基。词汇不仅是构建语言的三大核心元素之一，是学习语言的基石，也是人们思考和交流的关键信息标志。从一定的角度看，学习者的词汇数量可以作为其语言能力高低的一个反映。一个人的词汇能力对其听、说、读、写、译的技能有着直接的影响。只有当他掌握了足够的词汇，才能真正理解他人的话语和文章，自由地表达自己的观点，并在社交场合中游刃有余。词汇储备越丰富，对于语言输入内容的解读能力也就越出色，从而使得输出的语言品质更高。语法构成了语言的核心框架，掌握适当的英语语法可以助力小学生更为精确地掌握和应用语言。

只有当人们不只是在语音、词汇和语法方面有深入的了解，还掌握了与语言有关的各种功能和话题，他们才能以适当和高效的方式运用语言。语言知识是语言技能的核心部分，它不仅是培养语言能力的基石，而且在基础教育的过程中是持续进化的。从学生整个生命周期的发展视角来看，小学阶段所积累的语言知识是其发展的基础。为学生奠定稳固的学习基础，对于他们顺利进入更高学年并持续地学习英语，乃至他们的终身学习和个人成长，都具有极其重要的意义。

二、小学英语语言知识教学的基本原则

（一）区别对待不同的教学活动

1. 字母教学

听音模仿，准确感知；先听音，后开口，听清发准读音是字母学习的基

本步骤。

板书示范，规范书写（笔顺、占格、大小规格、宽窄高低）。

游戏活动，扎实操练：发挥学生的想象力学习字母；利用儿歌教学字母；联系生活实际学习字母。

2. 语音教学

引导学生直接模仿正确的发音；培养自然拼读能力，避免强调音标教学。

3. 词汇教学

要了解教材编写者词汇选择的意图并区别对待；词汇教学顺序应该从音、义、形来考虑，而不是大家经常说的音、形、义；在教授新词时，不要过早提出拼写的要求，不要过早强调拼写的准确性。

4. 语法教学

明确语法学习的意义；要注重培养语法意识；改进语法教学的方式与方法；要引导学生体会和感受语言的使用；尽量使语言现象自然出现；一定要强调学语法与用语法相结合；不要求学生对语法知识的透彻理解与掌握；并非教材中出现的语法都要掌握。

（二）教学方法建议

1. 字母教学

通过充分运用卡片、投影、多媒体和描红等多样化的教学工具，以一种富有活力和生动性的教学方法，对字母的书写位置、笔顺和笔画进行详细的指导和严格的训练，从而为学生奠定扎实的书写基础。在教室里，我们可以组织一场名为“谁的仿例抄写练习最规范最漂亮”的竞赛活动；在课外时间里，教师可以激励学生通过办黑板报来展示他们的学术成就。除了让学生在书中进行听、做、唱、念等活动外，教师还应该设计多种游戏活动，例如字母接龙活动等，以确保字母教学达到最优效果。

简单来说，教授字母可以遵循以下步骤：首先是字母的发音，其次是字母的写法，最后是字母在单词里的发音。在教授字母读音的过程中，教师可以巧妙地将其与单词的发音相结合，使学生在学习单词时能够发现其中的规律，从而培养他们的拼音和拼读技巧，使他们在看到单词时能够自如且准确地进行拼读，而不仅仅是音标的拼读能力。通过实施高效的字母教育活动，我们旨在让学生在掌握英语知识的同时，也能建立一定的语音和书写基础，从而培养他们的观察能力、思考能力和积极求知的学习态度。

2. 语音教学

一个自然且规范的语音和语调将为有效的口头交流奠定坚实的基础。语音教学不只是英语初学者的学习焦点，它也决定了学生是否能够精通英语。在语音教学中，我们应该重视将语义与实际语境相融合，而不是仅仅追求单一发音的精确度。在英语教学的初始阶段，语音教学应主要通过模仿来实施，并应高度重视听力的重要性。教师应当为学生提供丰富的听音、多次模仿以及实际操作的机会，以协助他们培养出优秀的发音习惯。

3. 词汇教学

词汇教学的核心目标是辅助学生理解和掌握词汇的发音、意义和形态，并确保他们在实际交流中能够有效地使用所学的词汇进行沟通。新版的人教版词汇都是基于特定话题，在特定的语用背景下进行集中分类呈现的。这种编排方式有助于学生在特定的语境中更好地理解词汇，并依据话题的相关性对词汇进行分类，从而实现有效的交流和应用。将单词的发音与其图像和具体的语义结合起来，是人们记忆词汇的一种高效方式。换句话说，当学生在口头上使用某个特定的词汇时，他们可以设想这个词的具体“形象”和使用环境，或者将其与他们的实际情况或个人生活经历相结合。

4. 语法教学

高品质、高频次、恰当难度以及充足的语言输入（如听和读）是确保外语学习质量的关键因素。由于缺乏充足的词汇和句子资源，仅从语法结构的角度来看，对小学生的学习效果是相当有限的。

当教师在处理语法问题时，需要严格控制教学的范围和难度，如果不经过筛选和简化就直接教授给学生，学生不仅难以理解，还可能对英语学习产生畏惧或甚至反感。

学习语言结构时的难点和关键点可以在实际的语境中反复出现，这不仅有助于加深对它的理解，还有助于更好地巩固和掌握。

第六章　初中英语教学设计

第一节　初中英语语言技能教学

一、初中英语语言技能教学的重要性

在英语的四大语言技能中，听力被视为一种辨识和解读话语的方法，也即真正理解和听取口头表达的深层含义；说被视为一种口头传达思考和信息的方法；阅读被视为一种技能，它帮助我们识别和解读书面的语言，即文字符号，并将这些符号转换为有深度的信息输入；写作是一种通过书面来表达思考和传递信息的方法。听、读、说、写这四个方面之间存在着非常紧密的联系：听和读是理解能力的代表，而说和写则是表达能力的代表，它们在语言学习和交流的过程中是相互补充和推动的。学生对于语言的深度掌握和吸纳能够助力于语言的高效呈现和进一步发展。换句话说，学生通过听和读的方法，口头和书面的表达技巧都将得到显著的提高。同时，语言的表达和拓展也是促进学生思维发展，以及增强他们理解、分析和处理能力的重要途径。在语言的表达过程中，这被视为一个客观的准则，用于衡量学生在语言的理解、分析和处理上的技能。为了能够高效地利用英语进行沟通和信息获取，人们有必要全方位地培养听、说、读、写这四种语言能力。为了全面发展这四项语言技能，学生需要参与大量的听、说、读、写专项以及综合性的语言实践活动，这样才能为实际的语言交流打下坚实的基础。因此，听力、口语、阅读和写作不仅构成了语言学习的核心目标，也是掌握语言的有效手段。

二、初中英语语言技能教学的基本原则

(一)初中英语听力教学的基本原则

在首轮的听力输入中,学生被要求简洁地处理信息,并进行模仿性的口头表达;第二轮的听力输入实际上是对首轮听力内容的进一步扩充,听完之后,学生需要对所接收的信息进行多级处理,并据此进行有节制的口头表达;在第三轮听力输入中,我们进一步扩展了单元话题,并引入了新的词汇和结构。

根据新教材的编写特点,教师在初中英语听力教学中应遵循以下几个基本原则。

一是重视听力技巧和方法的培训。在听力教学中,我们应该更加重视听力技巧和方法的培训。听力策略主要涵盖了以下几个方面:进行预测、进行推理、集中注意力、进行监控以及进行评估等。除了听力策略,教师还应该重视培养学生的听力微技巧。

二是强化听力技能的基本培训。从日常听力教学的角度来看,很多教师都是依据考试模式来培训学生的听力技能,而听力后的各种活动和练习主要是考试题目类型,比如多项选择和判断正误等。在我们的日常教学过程中,听力测试和听力训练应当被清晰地区分开来。考试主要目的是对听力能力进行评价,并带有明确的成果导向。听力教学在日常生活中是一个持续不断的旅程,我们应当特别强调对学生基础听力技能的培养,并应采用多样化的训练手段,始终以基础听力为出发点。

三是始终坚持将精听和泛听融为一体。在培训学生的听力技能时,我们不应只依赖教科书中的有限听力部分。为了帮助学生更好地利用听力资源,教师应当采用各种方法,例如观赏英文电影、聆听英语故事、收听英语广播和观看英文电视节目等,这样可以最大化地利用所有的有声资料,从而增强学生的听力技能。

(二)初中英语口语教学的基本原则

1. 加强朗读训练,鼓励学生大胆与人交流,不怕犯错误

在常规的教学活动中,教师可以指导学生高声读出对话内容和课文。通过朗读,学生不仅可以更好地练习自己的发音,还能培养他们的语感,并增强他们说英语的勇气和自信。教师还应该激励学生积极地参与到口头对话中,并确保他们在表达时不害怕出错。教师需要让学生明白,犯错是英语学习中的常态,并指导他们在犯错、识别错误和纠正错误的过程中掌握语言。教师在面对学生的口头表达错误时,不应表现出急躁的态度,也不应对任何错误进行纠正。特别是在学生试图表达自己的观点时,应避免突然中断他并纠正错误,更不应用尖刻的言辞或批评来对待学生。相反,教师应该维护学生的学习积极性,并努力培养他们说英语的自信。

2. 坚持"准确性"和"流利性"并重的原则

在口头表达的教学过程中,教育者常常高度重视学生的语言构造以及语音和语调的准确度(accuracy)。为了确保表达的准确性,教师不仅需要协助学生扩充他们的词汇储备,更重要的是要让他们积累更多的"语块",这样在实际表达时就能流利地说出,从而降低出错的可能性。从另一个角度来看,我们应该鼓励他们更多地听录音和模仿录音,先听再发言,听得准确后再做决定。除了对学生语言的准确度进行培训之外,教师还需要重视培养学生语言的流畅性(fluency)。作为教师,应当激励学生以积极和主动的态度来阐述自己的观点。在用英语进行表达的过程中,不应过分专注于语言的构造,而应更多地关注想要传达的信息;我们不应只关心语法的精确性,更应重视语义表达的真实度、多样性和流畅性。另外,随着学生的语言技能逐渐增强,教师应该鼓励学生重视自己的语言表达复杂性(complexity)。教师可以指导学生使用复合句和从句来传达思想,而不是仅仅使用简单的句子。

(三)初中英语阅读教学的基本原则

新版的*Go for it*!(一套教材)在编写阅读材料时,始终遵循"与时代、生活和学生紧密相连"的原则,旨在展现时代的精神、进步和真实的社

会生活，同时满足学生的兴趣和期望。该教材的阅读内容不仅融入了丰富的文化元素，还融入了情感教育元素，旨在实现英语学习的工具性与人文性的和谐统一。在编写高年级的阅读文章时，特别强调了其文学价值和经典地位，使学生能够感受到文章内容的美感和语言的美感。该教材精心构建了一个独立的阅读模块，该模块被划分为“阅读前”“阅读中”“阅读后”三个主要部分，以体现阅读教学的过程性特点。在进行“阅读前”的活动时，通常会以阅读为中心来激活学生的基础知识，激发他们对阅读材料的深入思考和预期，从而产生对阅读的期望。还有一些活动的目的是帮助学生克服一些生词的障碍，使他们能够顺利理解阅读文章。在“阅读中”这一环节，我们设计了多种不同的活动和任务，目的是培养学生在阅读方面的策略和技巧，包括但不限于获取文章的核心思想、获取具体细节、推测新词的含义、进行分析和推理、进行总结和归纳、转换信息以及进行语篇分析等。“阅读后”这一活动的核心目标是让学生利用阅读材料进行扩展性的语言练习和应用，这包括但不限于小组讨论、问题解决、角色模拟、课文重述以及读写相结合等多种方式。

根据新教材的编写特点，在初中阅读教学中教师应遵循以下三个基本原则。

1. 重点培养学生的阅读技巧

在阅读教学中，我们需要培养学生的阅读技巧，这些技巧是由多种阅读微技能所组成的。教育工作者在培养阅读技巧与语言学习之间需要找到一个平衡点，不能仅仅将阅读文章的目的局限于学习语言知识。教师有能力根据每篇文章的独特性质，专门设计出有针对性的阅读技巧培训活动。

2. 重视阅读与写作的结合

在语言和语篇的特性上，阅读与写作都展现出了显著的相似性，而阅读对于写作是非常有益的。事实上，学生的写作技巧在很大的范围内都与他们的阅读能力息息相关。因此，在日常的教学活动中，教师需要将阅读与写作紧密结合，不仅要引导学生通过阅读来获取和处理信息，还要协助他们分析语篇的结构，并通过这种分析来掌握语篇的结构特性以及信息和思想的表达方式。

3. 重视精读和泛读相结合

丰盛的英文书籍、同步的阅读资源、英语学习的报纸和杂志以及在线资源都为拓宽学生的阅读视野和增强他们的阅读技巧创造了条件。

（四）初中英语写作教学的基本原则

写作被视为一项语言输出中的高难度任务。为了协助学生更有效地掌握英语写作技巧，新版的 *Go for it*！采纳了从写作前到写作中再到写作后的连续写作模式。这不仅有助于学生用英语进行构思，形成合适的写作思维。通过将写作过程分解，可以降低任务难度，减轻学生在写作过程中的焦虑感，并有助于培养他们在英语写作方面的自信。该教材不仅强调学生在写作活动中的积极参与和写作技能的培训，还融入了写作策略的教育。

在教材里，大部分的写作任务都与之前的阅读部分有关，它们的写作主题和风格与阅读部分相似，可以被视为模仿性的写作。因此，在具体的写作教学中，教师应遵循以下三个基本原则。

1. 加强基础性写作训练

在学习的初始阶段，学生应该重视基础写作的培训，为他们未来的写作技能打下稳固的基石。在常规的教学活动中，教师分配的写作任务不应仅仅局限于考试模式，而应该全面地规划写作教学，并设计各种不同级别的写作任务。在初级教学阶段，教师需要特别重视对学生在词汇、句子和段落方面的训练，指导他们从单词到句子，再从句子到段落，最后到整篇文章，以循序渐进的方式进行语言输出。举例来说，教师可以参考七年级上册的教材，首先引导学生从字母写作开始，然后逐步过渡到词汇和词组的创作、单句的编写、并列句的编写、段落的编写，最终再到便笺和电子邮件的编写等环节。在写作的初始阶段，教师应当指导学生确立出色的写作标准，并培养他们的良好写作习惯，例如确保学生在句子中正确地使用大小写和标点，同时也要注意书写的规范性和整洁性。

2. 加强写作任务的过程性指导

教师有责任全程监控学生的写作进度，并在各个学习阶段提供针对性的指导，以助力学生建立自信心，并逐渐成功地完成写作任务。在“写作前”这一阶段，教师可以引导学生通过多种方式进行写作的构思。在“写作中”，学生需要制定大纲、起草初稿、进行校对，并对初稿进行修改。在这一教学环节中，教师应当指导学生重视文章的结构和语篇中的标记词汇，确保他们正确地运用复杂的句子结构，并同时激发他们的创新思维，以丰富写作的深度和广度。在“写作后”阶段，教师可以指导学生根据写作要求对自己的作品进行反思，并据此进行相应的修改和定稿。

3. 全面评价学生的写作成果

教师有责任对学生提交的作品给予及时的回应。在初级阶段，教育者可以更加重视学生语言表达的标准化。随着学生的语言能力逐渐增强，教师在进行评估时，除了要重视语言上的失误，还需要关心学生的思维表达是否足够丰富，是否真实地表达了他们的情感，以及段落的布局是否得当。在对学生作文进行批改的过程中，教师应当持有一种赞赏的态度，努力挖掘作文中的亮点，并协助学生树立自信。教师有能力让学生在整个班级中朗读他们的作品，并与他们一起进行点评，以学习某一作品的长处，并对共同的不足进行修正。为了激发学生的写作热情，教师有权展示他们的杰出作品，并允许学生通过投票来选择他们认为最优秀的作品。

第二节　初中英语语言知识教学

一、初中英语语言知识教学的重要性

英语中的语言知识是综合英语应用能力的关键组成部分。语音是构成语言的基础元素，通过高效的语音教育，学生可以掌握准确的语音和语调，准确地模仿和朗读单词，并通过单词的音、形、义之间的联系进行有效的记忆，从而提高词汇学习的效率。出色的语音技能可以帮助学生建立

通过声音交流的基本技能。因此，在口语交流、听力练习、阅读理解和写作教育中，语音教学扮演着基础性的角色。词汇在语言交流中扮演着至关重要的角色，拥有充足的词汇储备是精通一种语言的关键，它不仅是评估一个人语言能力的重要指标，也是学生在听、说、读、写等方面能力成长的指导原则。语法不仅是语言应用的基础规则，也是语言学习的初始阶段。掌握一定的语法能力是语言技能的一个重要组成部分，它能更有效地提升书面英语应用的技巧，并进一步增强口头表达的能力。

二、初中英语语言知识教学的基本原则

（一）初中英语语音教学的基本原则

新版的 *Go for it*！特别强调了对语音学习指导的加强。除了在七年级上册的预备部分融入五个元音字母的标准发音之外，前三册的附录还专门设置了一个语音部分。这部分旨在总结常见的拼写规则，并介绍本册的主要朗读技巧。同时，还为每个单元设计了与其内容紧密相关的语音练习，并制定了“音素学习（44 个音素）——从字母或字母组合到读音，再到读音和拼写”的三阶段拼写训练规则。拼读规则的训练内容主要集中在前两本教材里，详细内容可以在每本的语音附录部分找到。

在初中英语的语音教学中，我们应该更多地强调理解语音知识的重要性，而非仅仅是掌握语音的基本规则；我们应该重视语音知识在交流中的重要性，例如传达不同的意图和观点，而不是仅仅关注语音知识本身，例如它包含的元音和辅音数量。因此，初中英语语音教学应遵循以下基本原则。

1. 多听录音进行模仿

模仿是语音学习的核心策略，它主要是模仿母语使用者的发音和语调特点。在进行模仿的过程中，一种可行的对比方法是让学生首先听取录音并进行模仿，接着将自己的发音记录下来，并与磁带上的录音进行比较，以便找出存在的不足并进行相应的改进。因此，在教育过程中，我们应该鼓励学生更多地听录音磁带或光盘，并在条件允许的情况下观看难

度适中的英文电影。

2. 利用趣味性的活动进行语音训练

通过诗歌的朗诵，学生的节奏感和语感得到了有效的培养；使用绕口令有助于学生加强口腔肌肉的锻炼，同时也能提高发音的清晰度和流畅性；通过歌曲，学生的节奏感和辨音能力得到了有效的培养；通过课文的朗读，学生的语调、节奏、停顿和情感得到了培养；通过电影的配音，学生可以更好地模仿真实的语音和语调，从而激发他们的学习兴趣和激情。

（二）初中英语词汇教学的基本原则

1. 结合语境教学词汇

在教授单词的过程中，教师应该利用实物、图片、简笔画、视频和动作等资源来构建语境，这样可以帮助学生更直观地理解单词的含义，并通过建立语境和语义之间的联系来加强对单词的理解和记忆。在教学活动中，我们应当尽量避免让学生直接查阅词汇表或单独进行词汇的理解和记忆，而应努力降低学生对汉语的依赖性，并着重于培养他们用英语进行思考的能力。

2. 利用语篇教学词汇

在词汇教学中，我们不应仅仅局限于解释和辨析单词的意义和用法，也不应仅仅让学生记忆单一的词汇。相反，我们应该采用"词—句—文"的教学模式，让学生能够将单词应用到句子和语篇中，实现词与句、句与文的紧密结合。

3. 分层次、分阶段处理生词

不应该集中展示和教授生词，也不应该一次性深入挖掘，而是应该根据学生的学习需求，分层次、分阶段进行教学。以听力和阅读的教学方法为例，在开始听和读之前，可以先处理那些可能导致严重理解困难且不能通过上下文推断的词汇。在处理这些词汇时，不应进行深入的拓展，只需让学生明白其在文章中的含义，并能理解或读懂；在听和读的过程中，学生可以利用上下文来推测一些不熟悉的词汇；在听完和阅读之后，对一些具有丰富内涵和出色搭配技巧的词汇进行深入的探索和解释，并鼓励学生通过实践来加强和巩固这些词汇。

（三）初中英语语法教学的基本原则

新版的*Go for it*！采用了以话题为核心的教学方法，依赖于任务型的教学模式。它不仅重视学生的个人体验和感受，而且更加关心学生在语言应用和交流能力上的培养。这种语法在听、说、读、写的各个环节中都有所体现，虽然看起来是零碎的，但实际上是有条不紊的。新的教材不仅增添了功能性和话题性的内容，还拓宽了语言知识的深度和广度，增强了语言的实际应用价值，强调了语言在社会中的功能，并着重于全方位的语言素质教育。

在具体的教学中应遵循以下基本原则。

1. 重视学生对语法学习过程的参与

首先，这本教材旨在通过特定的语境（如听力输入、口语示例、阅读文章等）帮助学生理解新的语法内容，帮助他们对新语法有一个初步的了解，并在这些语境中探索新语法所传达的深层含义。接下来，这本教材采用在各种语境下展示新的语法内容的方法，帮助学生识别其独特的结构，并努力归纳语言的基本规律。在经历了各种不同级别的练习之后，最终指导学生在新的语境中应用这个语法项目来解决新出现的问题。因此，在教授语法的过程中，教师应当避免采用“填鸭式”的教学方法，激发学生的思考活力，并鼓励他们主动地参与到语法的学习之中。

2. 在完成任务的过程中教学语法

新的教学课程推崇以任务为中心的教学方法，并鼓励学生在明确的任务目标下，积极地进行学习。当我们采纳任务型的教学方法来教授语法时，必须确保学生在掌握了相关语法项目的结构和它们的常见功能之后才能开始。教师在设计任务时，必须与学生的日常生活紧密相连，确保将抽象的概念与真实的生活场景相结合。

第七章　高中英语教学设计

第一节　高中英语语言技能教学

一、高中英语语言技能教学的重要性

在听、说、读、写这四大核心技能中，"听"代表了一个主动、积极地理解和吸收语言输入的思考过程，它是一个关键的工具，用于学习和加强语言知识，以及培养说、读、写的语言技能；在人与人的交往中，"说"体现了交际能力的外部展现；"读"是一种从书面表达中获取信息的复杂心理和智力活动，它是一个持续的假设、验证、想象和推理的积极、主动的认知过程；"写"是一种通过书面语言来传达信息和表达思想的方式。听与说构成了读与写的根基，而读与写则助力于听与说的进一步巩固与提升。综合性的四项技能训练教学在提升学生的信息提取、理解、思考、创新、问题分析和独立见解能力方面发挥了至关重要的作用，它是培养学生综合语言应用能力的关键途径。

二、高中英语语言技能教学的基本原则

（一）高中英语听力教学的基本原则

我们使用了多种形式的听力材料，涵盖了会话、独白、报告、演说、讨论、新闻报道、广播和故事等多种形式。在每一次听力活动开始之前，教材都为学生提供了多种形式的听前活动，例如通过观看图片或进行听力练习来预测听力内容，提出问题以激发学生的思考和参与讨论，从而激活他们的背景知识等。这些活动旨在帮助学生释放紧张的心情，并为他们

做好听力准备。此外,这套教材也精心设计了多种听力练习和任务,目的是让学生带着明确的目标去聆听,寻找他们所需的信息,并进一步培养他们的听力技巧。在听力部分结束后,教材设计了以问题探讨为核心的听后活动,并在这些活动中整合了各个单元学生需要掌握的功能性思维内容。听力部分完整地展现了听前、听中以及听后的规划方法。

根据人教社教材的编写特点,教师在高中英语听力教学中应遵循以下基本原则。

精听和泛听的教学目标是帮助学生深入理解听力材料的核心思想。泛听的教学方法可以聚焦于扩展听力材料的文化背景,使学生能够更有针对性地掌握其他国家的文化知识,例如地理、历史、社会常识和文化传统等;在精听教学中,学生通常需要重述所听到的关键段落的主旨,捕捉其中的细微之处,可以是逐词逐句地复述,也可以是将听到的句子完整地记录下来。

在多技能的听力教学中,应以听力技能为核心,并与其他语言能力相融合,以促进学生在综合语言应用方面的能力提升。例如,新的课程标准为听后活动提供了这样的建议:"基于听到的内容进行口头或书面的转述,并利用这些信息从不同的视角,以相同的主题撰写文章。"这充分体现了听力教学与其他技能之间的紧密联系。听力教学的一个核心目标是利用听力为学生提供一个交流平台,帮助他们在各种技能上和谐成长,更好地理解相关信息,并增强他们对主题的理解和在日常生活中的转换技巧。因此,在听力教学过程中,"听、说、写"这几个方面应当被有机地融合在一起,以实现它们之间的和谐共生和共同发展。

通过加强对学生语篇意识的培养,使他们能够掌握听力材料的主题和体裁知识,从而为阅读和写作教学打下坚实的基础。在教材的听力教学设计中,有两种主要思路:首先,通过听力练习来帮助学生掌握听力技能,并培养他们在信息捕捉、接收、理解、处理和存储方面的能力;其次,为了提升学生在语篇构建方面的能力,听力材料通常应是一个完整的篇章。因此,听力教学应致力于促进学生在题材和体裁方面的意识形成,培养他们对完整语篇的自觉理解，从而为他们在语篇阅读和写作方面打下坚实的基础。

采用任务型的教学方法可以帮助学生在完成任务时增强听力的理解和掌握相关技巧。负责设计听力任务的人员应依据听力素材来规划各种不同种类的听力任务。在仔细规划听力任务、执行计划、教学目的、流程、关键点、难点、评价方法、任务完成方式和时间分配后，我们应该实施一系列有效的听力过程监控措施，包括但不限于理解性监控、心理状态监控和计划跟踪监控。听完之后的效果评估涵盖了难度评定、目标的合理性评价、进步的程度评价以及因果关系的分析评估等多个方面。

（二）高中英语口语教学的基本原则

口语教学应遵循趣味性原则，确保内容吸引人，采用新颖、多样、受欢迎、易于理解的教学方式，通过激发学生的兴趣来合理组织教学，真正实现"寓教于乐"的教学目标。通过这种方式，教师与学生之间的关系变得更加和谐，学生在轻松愉快的课堂互动中能够体验到愉悦的情感。因此，学生的思维变得更加活跃，他们在交往中更容易沉浸于自我，不害怕出错，勇于表达自己的观点，并乐于与人交流。

在日常交流中，四种技能，如听、说和读、说，经常会发生转换。因此，在口语训练中，我们应该高度重视这些技能的转换，以实现教学效果的最大化。我们可以采用的策略包括：利用听或读的方式来激发学生的口语欲望、通过听来确定要说的主题、通过听来收集要说的信息，以及通过听来设定评价"说"的标准等。

在新的教育改革背景下，外语教学强调在实际语境中使用真实的语言进行交流。然而，为了实现这一教学目标，我们面临许多实际的挑战，例如语言环境的不真实性、交流对象缺乏积极性和语言材料实用性不足。因此，培养学生"以我为中心"的交际意识无疑是一种有效的方法。"以我为中心"的理念鼓励学习者充分利用他们的想象力来创造一个合适的语言环境，设定交流的目标，设想各种必要的条件，并在自己的对话中加强语言技能，同时激发他们的交流潜力。

(三)高中英语阅读教学的基本原则

在读前部分,学生通常会提出几个问题以激发他们对课文内容的预测,并进行简要的讨论,目的是通过阅读来验证他们的假设;在阅读部分,我们为每个单元提供了丰富的主要阅读材料,这些材料涵盖了与单元主题相关的关键信息,并展示了大量的词汇和主要的语法构造;在理解部分,我们通过各种练习和活动来评估学生对课文的理解水平。这些练习形式繁多,包括难句的解释、正确与错误的选择、问题的深入讨论、突出关键点、分析文章的核心思想或作者的观点、利用思维导图或表格辅助学生进行信息的分析、比较、处理和加工等,这些练习都涉及对文章的深入理解。

整体认知原则基于对语言心理理论的认知和我国中学阅读教学实际,这种原则强调将一篇课文视为一个完整的整体进行教授,确保课文的内容和整体结构都得到了充分的重视。这种方法确保了词汇与句子、句子与文章内容紧密相连,既不损害文章的完整性和趣味性,也不影响其科学性和逻辑性,从而有助于学生的整体记忆,提高他们的阅读能力和速度。通常,课文的整体教学流程可以被划分为三个主要步骤。第一步是对课文的全面理解,这包括预测、指导、阅读、思考以及深入理解。第二步是以课文的整体内容为出发点,针对段落的主旨或主题句进行细致的分析,这一过程涵盖了发现、自我检查、提问与回答、评论以及联想等环节。第三步是紧紧抓住课文与实际生活的紧密联系,从多个角度对课文内容进行综合性的应用,应用环节包括归纳、总结、具体化、情境化、应用和点题。

语篇建构的基本原则是,语篇应当是一段以信息交流为核心,具有明确主题内容的连贯话语。在阅读教学中,我们应当重视培养学生的语篇认知,从语篇的视角帮助学生理解文章的各个方面与主题的联系,并引导他们对文章的整体内容有更深入的了解;我们希望学生能够“首先看到森林(这是语篇大意),然后再看到树木(这是分项知识技能)”。通过深入理解语篇教学中的形连(形式连贯性)和意连(意义连贯性),我们可以更好地认识到语言的形式、上下文和语境在阅读理解中的核心作用。

兴趣是推动语篇阅读教学的关键因素。在英语阅读教学中，教师应激发和培养学生的学习兴趣。在教学活动中，学生的兴趣主要来自两个方面：首先是语篇内容的趣味性和实用性，其次是教师对语篇教学的组织方式、技巧应用，以及教师个人展示的个性魅力、生活经验和认知水平。这些因素共同作用于学生学习英语语篇的动机，使其产生一种积极而愉悦的心理状态。当学生开始对语篇教学的方法和内容产生浓厚的兴趣，他们会感到非常激动和充满期待，这进一步激发了他们对掌握语篇信息和知识的内在渴望和阅读热情。学生一旦喜欢上了一篇文章，就会把它当成一种特殊的语言材料来学习。当学生开始对教师的个人魅力和学术才能产生敬意时，他们会表现出强烈的自我控制和行动能力。

（四）高中英语写作教学的基本原则

第一，交际性原则。交际性原则强调，语言的精髓在于其社交属性，语言教育的目的不仅仅是培养学生的语言技巧，更重要的是帮助他们建立有效的交流能力。交际法是英语教学的主要方法之一，也是提高英语课堂教学效果的有效途径。英语交际教学法旨在培育学生利用语言进行跨文化沟通的技巧，以及分享信息和情感思考的能力。本书通过分析英语写作教学现状，提出了基于交际的高中英语作文教学方法。在真实的写作背景下，绝大部分的文章都是为特定的读者设计的。因此，在写作教学中，我们应该重视与读者的交流，并致力于培养学生对读者的深入了解。

第二，过程性原则。在传统的写作方法中，过程性原则视写作为一种与众不同的个人书写编码方式，其核心焦点是写作的最终成果。这一理论认为，学生通过阅读大量文本，然后进行分析和加工来理解文章所表达的思想或观点。教学活动的主要目的是为学生提供可供模仿的优质范文，并为学生的最终学习成果设置评价准则，包括内容选择、词汇运用、语法运用以及拼写和标点符号的机械运用。这一教学方式忽视了学生的情感需求，也没有重视在写作过程中与人进行有效沟通和合作的能力培养；

如果与实际情况脱节，既不考虑写作的目标和读者，也不考虑文体、题材和内容的真实性；评估方法过于单调，主要集中在词汇和句子结构的修改上，而忽略了写作评价对学生的激励效果以及他们个性和潜力的培养。过程写作途径将写作看作一个复杂且循环的认知、思考和信息交流过程。它鼓励学生根据自己的实际情况进行判断，并自主寻找解决问题的策略。同时，它也视学生为语言的创造者，鼓励他们将写作的焦点集中在内容和信息上，并将自己的内在驱动力放在学习的核心位置。通过与学生共同经历写作前的构思、编辑、修改和发布各个阶段，可以更深入地体验写作过程中所使用的各种技巧和技能。鉴于过程写作教学法在高中英语写作教学中的核心地位，我们应该更加注重体裁的教授，强调真实的写作体验，提倡团队合作的写作方式，激发团队思维，改进评价方法，并将评价与交流、反馈、修订和完善整合为一个整体。在教师的指导和帮助下，学生可以通过自我评价、与同伴的互评以及小组之间的互评来交换观点，集思广益，互相学习，从而不断提高自己的写作水平。

第二节　高中英语语言知识教学

一、高中英语语言知识教学的重要性

高中阶段的语音教学可以增强学生对语音的适应性和识别能力，使他们能够通过理解逻辑重音、语言重音、节奏和语调的变化来传达话语的意图和态度，克服交流过程中的语音干扰，从而使他们的语言表达更加丰富、真实和流畅。高中阶段的词汇教学旨在让学生在掌握基础词义的同时，通过情境性功能训练来感悟和理解词汇，并在综合应用的过程中掌握词汇的深层含义，从而增强学生对语言输入的理解能力，为进一步提升他们的书面和口头语言表达能力奠定基础。高中的语法教育以形式、意义和语用为核心，旨在培养学生的语言形式认知和意义表达的能力，并在特定的语境中，确保他们能够有效且适当地使用语言。

二、高中英语语言知识教学的基本原则

（一）高中英语语音教学的基本原则

以学生为核心的语音教学方法应当考虑到学生的独特性，将学生放在中心位置，而不是仅仅以教师为中心，仅仅教授语音相关的知识。在进行语音教学时，教师应该鼓励学生通过听、识别、思考、分析、个人体验和合作探索等多种方式来理解和掌握语言输入中的语音现象。

为了激发学生的学习热情并提升语音教学的效果，教师在教学过程中应当巧妙地融合多种教学策略，例如口型定位、声音识别、对比、演示、模仿、插入和录音等。每种策略都有其特定的应用场景，因此，教师需要最大化地利用这些策略的优点，并根据具体需求选择合适的教学方法。通过融合多种教学手段，不仅能够优化课堂的氛围，还能在寓教于乐的环境中促进教与学的有效互动，从而达到事半功倍的教学效果。

在进行听音训练的过程中，教师需要巧妙地将语音教学与听力和朗读教学融合在一起。教师应致力于帮助学生准确地识别英语的音素、音节结构，以及节奏和韵律等多个方面，从而完成从初步掌握正确发准音素到学会妥善处理语流和语调的全过程，以提升学生的听力理解能力。鼓励学生更多地参与英语语流的练习，可以弥补由于语言环境不足导致的一些缺陷，例如连续阅读、同化、弱读、失去爆发性等语音现象的听音训练。从一开始就强调发音与语境及内容的紧密联系，以及语音在语言中的演变，可以显著增强学生对语音的感知能力。基于听音训练，朗读活动鼓励学生主动运用语音技能，对书面表达进行艺术性的处理，将视觉元素转化为听觉元素，从而能够准确而生动地再现书面表达的思想和情感。

为了适应新的教学理念对英语语音学习的新要求，仅仅依靠现代媒体和网络资源来丰富语音教学的方式和内容，教师在课堂上使用录音机的方法已经不再适用。随着多媒体技术的发展和普及，多媒体教学已成为英语教学不可或缺的手段之一。通过利用现代媒体工具，我们能够从多个维度和角度生动地展示语音教学的内容，使学生能够完全沉浸在真

实的语言环境中，使英语语音教学更加情境化和交际化，同时也能有效地增加课堂教学的信息容量，激发学生使用英语的积极性和主动性。另外，由于国际交流的发展趋势，英语和美国以外的口音在听说训练中会逐渐增多。因此，教师需要利用网络资源来搜索和下载不同的英语口音，以便训练学生克服各种口音的干扰，更好地理解大意，从而提高他们的语言交际能力。

（二）高中英语词汇教学的基本原则

"用简单的英语解释生词意义"这一练习旨在培养学生的自主学习能力，使他们能够熟练运用英语词典，并准确把握词汇的含义。尽管学生的教材和练习册都为词汇提供了专门的练习，但需要强调的是，只有通过综合语言应用的各种实践活动，学生才能深入理解和灵活使用词汇。

通过词汇与句子的结合以及语篇的整合，我们可以在特定的语境中加深对词汇意义的理解，只有在这样的上下文中，词汇的意义才能变得清晰和具体。如果在没有语境的情况下进行词汇教学，即便学生能够记住词汇的形态和含义，也很难将其应用到实际的交流活动中。因此，在教授词汇时，我们应该将其整合到句子和语篇的教学过程中，确保"单词与句子紧密相连，句子与篇章紧密相连"。教师有责任为学生构建一个能够应用所学语言的语境环境，协助学生在这样的语境中更好地理解词义，掌握其实际用法，并加深对词汇的认识和理解。

学习的核心目标是将实际应用与学习紧密结合，只有在实际的语言操作中（例如听、说、读、写），我们才能更深入地掌握和巩固词汇知识。因此，词汇是英语学科的重要组成部分。在教授词汇的过程中，教师不只是展示样例句子并解释它们的用法，还应该为学生提供实际使用词汇的机会。教师应根据教材特点及教学内容精心设计各种形式的教学活动来提高学生的英语水平。教师有责任设计多样化的任务型或体验式课堂教学活动，包括口头和书面的词汇应用练习，以便学生能在实际操作和学习中有效地应用所学知识。

在词汇教学过程中，为了培养学生的自主学习能力，教师需要引导他们采用高效的词汇学习方法，例如利用语境来推测词义、运用构词知识来学习新词汇、对已学过的词汇进行分类，并据此构建自己的词汇体系等。教师有责任协助学生进行词汇学习的规划，指导他们寻找与自身记忆特性相匹配的词汇记忆策略，以培养学生良好的词汇学习习惯(例如，正确地使用词典、及时地进行复习、通过课外阅读来增加词汇量等)，进而赋予学生自主学习词汇的能力。

传统的词汇教学方法主要集中在课堂和教材上，而现代英语词汇教学则更倾向于通过三种方式来教授新的词汇：直接词汇教学、隐性词汇教学以及独立策略发展，这种方法强调课内与课外的结合和隐性与显性的融合，以拓宽词汇学的应用途径。所谓的直接词汇教学，是指在传统的课堂环境中，由教师主导的、有目的的、特定的、明确的词汇教育方式。隐性词汇教学的核心是指导学生在阅读、视听等多种语言学习方式中掌握词汇。

(三)高中英语语法教学的基本原则

交际性原则在语法教学中的核心目标是培养学生的交际技巧，因此，我们应当始终遵循交际性原则，为学生的听、说、读、写能力提供坚实的支撑，并加强他们的语法认知和语言直觉。在教学活动中，我们应尽量采用多媒体、实体物品和模拟真实语境的方式，以便学生能够感知、体验并确定最适合他们语境的语法结构。

综合性原则是指语法教学中要避免单一性，要做到方法、内容和技能的综合运用，力求做到归纳与演绎相结合。演绎法在教授语法方面具有明显的便捷性和快速性。当使用演绎法进行教学时，规则呈现得非常清晰和易于理解，这使得学生能够轻松掌握规则的核心内容。教师会直接讲解关键点，这样不仅节省了时间，还为学生提供了更多的练习和应用机会，特别适合于复杂语法项目的教学和分阶段的语法复习课堂。然而，这样的教学方法常常不能有效地激发学生的学习积极性和主动性，因为规则主要是由教师“灌输”给学生的，这不仅使得学生对规则的认识不够牢固，还可能导致他们误以为学习语言就等于掌握规则。综合来看，这两种教学方法都有其优点和缺点,因此教师应当依据教授语法的具体内容和教学阶段,将这两种方法有机地融合在一起,以提升教学效果。

任务型教学方法被广泛认为是一种极其有效的语法教育手段。它把学习重心从对语法规则的掌握转移到如何运用语言进行交际上来。通过对语言任务的精心策划和实际应用,我们有能力将语言的形态与其交流方式紧密结合。在任务式教学中,学习者必须经历一个从理解句子开始的复杂而漫长的认知加工过程,最终获得完整的语言能力。这不只是关于语法结构的构建,同时也突出了以意义为中心的目标语言的实际应用。任务教学法的实施需要学生积极参与其中,并根据自身情况来选择不同类型的学习活动,从而使他们能真正参与到语言学习之中。通过在完成任务时对语言的感知和应用,我们能够实现形式、意义和使用的完美融合。

第八章　中小学英语课程资源的开发与整合

第一节　中小学英语课程资源的开发与利用

一、课程资源、教学资源和教育技术

美国教育传播与技术协会(AECT)明确强调了“创新”“应用”“管理”高质量的技术资源的重要性。但遗憾的是,许多学校在教学资源上存在“重视收藏而忽视使用、重视资源而轻视流通”的问题,以及“过于重视硬件而忽视软件、忽略潜力而忘记人才”的倾向。在教育信息化的发展过程中,课程和教学资源普遍面临“五多五少”的挑战,即普及型资源过多而专业化资源不足;大众化资源过多而特色化资源不足;资源占有过多而资源共享不足;硬件资源过多而软件资源不足;泛用资源过多而适用资源不足。这些问题在某种程度上阻碍了教育信息化的进一步推广和发展。面对互联网上的大量资源,教师在寻找有效的外语教学资源时往往会感到力不从心,这也使得他们在整理教学资源时难以满足个性化的需求。可以说,海量的教育资源极大地提高了知识获取的难度,并可能导致在多媒体学习的过程中出现“过度依赖多媒体资源”和“过度使用”的问题,这使得教师在处理多媒体资源时感到压力巨大。

(一)课程资源

课程资源不仅是构建课程的关键要素,也是教学目标是否能够顺利完成的直接和必要的条件。课程的各个要素,如知识、技能、经验、活动的方式和方法、情感的态度和价值观,以及培养的目标等,都是课程的重要

来源。图书馆、博物馆、实验室、互联网、教师和学生、校园环境等不仅是课程资源的组成部分，也是实施课程的必要条件。课程资源构成了课程的基础，缺乏这些资源就意味着课程的缺失。尽管教材被视为关键的课程资料，但它并不是课程中唯一的资源。

从英语学科的角度看，该学科在听、说、读、写、译等多个方面的课程资源开发和应用具有非常有利的实施环境。有学者强调，互联网为我们提供了丰富的学习目标语言的机会。随着技术和教学的进步，教师可以更有效地将计算机技术融入语言学习中，而多媒体程序和语言识别软件则能极大地丰富语言练习的内容。无论是报纸、杂志、广播电视、电影、图书馆、阅览室、计算机、互联网还是数字化音像设备，这些教学工具都能为我们提供丰富的、直接的或是间接的教学资源。课程资源的构成也涵盖了学校内部的课程资源以及学校之外的课程资源。学校的课程资源不仅包括教科书，还涵盖了教师和学生。教师和学生各自独特的学习背景、生活体验、家庭环境、学习方法以及教学和学习策略，都构成了极其珍贵的课程资源。在英语的教学过程中，除了要合理且高效地运用教材，还需要积极地借助其他课程的资源，以实现更为出色的教学成果。义务教育课标在“课程资源开发与利用建议”中明确提出，在这个数字化的网络时代，英语的教学资源呈现出广泛的、开放性的和多种多样的特点。在执行英语课程时，能够广泛地开发和最大化地利用各类课程资源是现代外语教师的关键技能。外语教师需要确立新的课程理念、教材观点和资源观点，深入了解课程资源的种类和范围，并正确地使用教材，同时合理地利用其他课程资源。

（二）教学资源与教育技术

广义上讲，教学资源是指教育工作者在教学过程中所使用的全部资源，这包括为教学提供支持和服务的人员、资金、物资和信息等；从狭隘的角度看，教学资源或学习资源主要包括了教学用材料、教学环境和教学辅助系统。从这个角度来看，教育技术的核心内涵就是如何将各种可以用来组织知识的要素加以有效组合，从而达到优化教学效果之目的。根据

AECT 的规定,教育技术的实施过程和所需资源应当是合适的。在实际应用中,教育技术的运用应与教学目标、教学环境以及学生的实际需求紧密结合,而非仅仅追求表面效果或仅仅是形式上的空洞。现代教育技术是计算机技术、多媒体技术、网络技术和信息技术在教学过程中的综合应用。在实际操作中,仅仅让教师被动地接收信息是不足够的。更为关键的是,通过专业培训,教师能够独立地捕捉、处理和应用信息,从而使他们能够熟练地掌握和运用现代信息技术,并能有效地掌握各种开发工具和方法。

二、课程资源的来源与分类

随着网络媒体在学习和教学过程中的介入,教材已不再是教学活动的唯一参考依据,而转变为一种教学材料和实用工具。为了使英语课程资源更有效地服务于教学和学生,教师需要持续地进行探索和开发。在信息化环境中,资源建设的终极目标是满足教师和学生多样化的需求,从而提升教学质量,并全面培养学生的综合素质与能力。最大限度地利用已有的课程资源,并持续开发新的课程资源,是深化新课程改革和提升教学效果的关键途径。

(一)课程资源的来源

1. 教师是最核心的课程资源

现代的英语课程已经超越了单纯依赖教材进行教学的固定模式,而转变为一个持续进化和构建的动态模式。随着课程形态的逐渐多样化、价值和意义的持续创新,以及内容的不断形成和构建,开发和利用课程资源变得尤为重要。新的课程改革也强调教师需要从传统的“传授课程的人”转变为“课程的创造者”,从“以教授为中心的课堂”向“以创新为核心的课堂”转型,这一转变的趋势日益凸显。教师在课程执行中起到核心作用,他们参与、做出决策、进行研究,并推动课程的建设、资源的开发与应用;教师不仅是素材性资源的承载者,还是情境性资源的创造者,包括但不限于情景再现、肢体展示、表演体验、语言描述、实物演示和生活展示等。教师在教育和教学中的行为也被视为宝贵的课程资源，这些行为涵盖了人与人之间的互动——如教学的具体内容、课堂上的口头表达、指导方法以及教学的整体管理等方面。只有当教师持续地运用他们的教育智慧，不断地对教材进行扩充、增补和创新，以及不断地开发和构建教学资源，教材才能变得更为生动和充满活力。

2. 学生是最宝贵的课程资源

只有当学生积极地参与到资源的建设中，课程资源才能变得更加生动和有活力。教师致力于发掘学生的潜在学习能力，他们鼓励学生参与到教学信息资源的整理和组织中，并通过参与资源库的创建，增强学生的信息处理能力。学生在教学资源建设中起到了关键的作用。当学生参与到资源建设中，他们的被动接受态度得到了改变。通过对这些资源的筛选、整合和利用，他们形成了独特的知识体系，这不仅促进了他们的个性发展，还增强了他们的综合学习能力。当学生参与到资源建设中，教师可以更好地理解学生对教学资源的真实需求，这也展现了教育教学的多样性、差异性和个性化特点。

3. 网络是最丰富的课程资源

互联网构成了最庞大的课程资源库。一位出色的外语教育者能够收集、处理并应用课程资料，他们能够最大化地利用各种课程资源，并擅长以批判和创新的方式运用教材、教辅资料和在线资源。语言教师在查询、分类、整合、增补、改进和完善这些网络资源时，都反映了他们独特的价值观、教育观点、文化理念和审美取向。在进行资源建设的过程中，无论是有意识还是无意识地经历学习、吸纳、改良、应用和创新等各个环节，都为语言教师的个人专业成长积累了宝贵的经验。

（二）课程资源的分类

1. 素材性资源

如果缺少足够的教学资源，教师可能会面临进行高效率教学的挑战。因此，在小学课堂中合理地开发与利用教学资源是十分必要的。素材性的课程资源是课程资源的核心组成和必备条件，它包括了课程标准、教学材料、参考书籍、练习册、试卷、音频、视频、动漫、图片等文本，以及相应的音像资料等。

2. 条件性资源

条件性资源涵盖了资金、场所、硬件和软件的配置等多个维度，这些元素直接决定了课程执行的广度和品质，这包括人员、时间、地点、传媒、设备、设施、环境以及对课程的了解深度等。因此，要想有效地促进英语教学水平提升，就必须充分关注学生的需求，通过各种方式提高学生学习英语的积极性和主动性，从而为他们提供更多机会来进行自主学习和探索实践。在英语课程的设计过程中，创建一个适宜的语言环境、确保语言使用的真实性和提供丰富的语言材料，都是实现课程目标的重要因素。

3. 来源性资源

这种类型的资源涵盖了学校内部的各种资源，例如教室、图书馆的资料、体育相关的设备、学校的纪律和规定、学校的各种活动等，同时也包括了学校外部的资源，如家庭、社区、街道、博物馆、科技馆、美术馆、音乐厅、自然资源和网络资源等。

4. 呈现方式资源

这种类型的资源展示方式可以分为静态展示、动态展示和结合静态与动态的展示方式，这些方式包括人物、文字、实物、活动、数字化信息和非数字化信息等多种形式。

5. 存在方式资源

这种资源的分类方式涵盖了明确的课程资源，包括但不限于学校、班级、课堂、课时、教材、教师和学生等；隐性课程资源涵盖了诸如校园文化、校园安全措施、师生互动关系、校园文化氛围以及语言学习环境等多个方面。

6. 知识资源

教师和学生有机会在日常生活中积累丰富的语言、文化和生活常识。例如，在广告、使用指南、使用手册、标识、文化服饰、电影和电视剧、互联网、微信、微博和 QQ 等平台上，都可以看到丰富而生动的语言表达。这些建议内容与学生的日常生活紧密相连，学生们经常与之互动，从而在不知不觉中获得知识。

7. 策略资源

策略性的资源可以从宏观的元认知策略扩展到微观的提升词汇、语法以及听、说、读、写能力的策略。策略资源的构建涵盖了教师个人的学习历程、教师为学生提供的学习策略相关书籍、分享的经验、与学生的互动交流以及校友返回学校的交流活动等。

8. 技能训练资源

为了增强听力能力，我们为学员提供了包括磁带、光盘、广播、电视、录像、电影以及网络配音在内的丰富训练资料；为了提高我们的阅读能力，我们提供了多种培训资源，包括报纸、杂志、书籍、文艺创作、微型视频和微型文本等。说和写是输出能力，教师有能力开发一系列与学生实际需求相匹配、能激发学生兴趣的学习资源，这些资源包括但不限于友情、文学、健康问题、家庭生活、体育活动、音乐和理想等，以供学生进行口头和书面表达的培训；教师也有能力根据当前时代的特点，创造一些与时事息息相关的话题，比如奥运会、冬奥会、残奥会、亚运会、春晚和脱口秀等。

9. 活动类资源

活动相关的资源涵盖了电影、电视连续剧、动画、音乐作品以及录像等多种形式。教师有机会选择一些经典、有趣且具有教育价值的电影或歌曲，作为他们课外活动的教学材料。拥有这些教学资源后，教师能够组织如“影视欣赏”“听音乐、学习英语”“观看电影、学习配音”等多种课外活动，以增强学生对真实语言的掌握。

10. 辅助类资源

辅助类资源涵盖了教案库、课件库、习题库、教学录像库、模板库、图片库以及教学参考书等多个方面。这批资源是从教师的常规教学中获得的，包括公开课、示范课、观摩课、创新课的教学内容，以及购买的教学参考资料和在线搜索的资料等。

第二节　中小学英语课程资源的整合

当个体的自我效能感增强时，其成功进行语言应用活动的机会也随之增大；技术能够利用语言来提高思维的质量，并进一步推动创新思维的成长；在真实的环境中，活动的增多会使语言应用变得更为熟练；当群体记忆与个体记忆之间的互动增多时，个体在语言应用活动中的表现质量也会随之提高；技术的应用与语言学习的习惯之间的对抗会更加平衡，从而技术提高语言学习效果的可能性也会增加。利用外语教育技术，学习者不仅可以更好地接触到目标语言的使用场景，寻找网络上的交流伙伴，激活对话模式，激活已有的知识，还可以增加训练的强度，促进学习者间的合作与互动，从而提高语言学习的效果，增强正迁移，减少负迁移，并降低或避免语言学习过程中的固化现象。外语教育的技术与课程的结合推动了多个学科之间的相互融合，这需要语言、计算机、网络、信息、文化、美术、音乐等多个学科的知识支持。外语教育技术的综合应用为外语教育教学的进步提供了“孵化”和“助力”，它深刻地影响了外语教育的各个层面。目前，教育技术与外语课程的结合已经成为外语教学的主导力量，这不仅是教育技术进步的必然方向，也是外语课程建设的迫切需要。在进行语言教学时，除了考虑硬件和软件的应用外，还需重视“人件”，即教师和学生的关键角色，并思考如何整合各种外语教学元素。

一、外语多媒体网络教学资源整合与重组

设备、信息资源以及人员和管理的整合与重组之间存在着紧密的联系，任何一方的疏忽都可能导致多媒体网络资源的不必要浪费。如果设备整合不当，将无法充分发挥其最大的潜能；如果信息的整合效果不佳，将不可避免地导致资源的浪费；如果人员配置不恰当，那么设备和网络信息资源的最大利用就会受到限制。教学资源的整合方向旨在确保分散和分化的资源系统中的各个元素及其组成部分能够有机地相互联系，形成

一个和谐的整体，这也是实现资源最优化的核心驱动力。整合资源并不仅仅是简单的合并、排序或叠加，更重要的是创建一个既符合教学和学生的认知模式，又满足学科知识和文化结构需求的优质信息资源。在资源建设中，教学资源的融合和整合显得尤为关键。

（一）设备的整合与重组

建构主义的学习观点主张构建真实的学习场景，视其为意义构建的关键步骤，并认为这是教学设计中最为核心的部分。多媒体技术是实现这种真实情境的最佳手段。

1.硬资源整合

所谓的硬资源，是指那些可以进行信息交换的各种物理设备所组成的集合。在对硬资源进行整合的过程中，我们必须根据对环境建设原则的深入理解以及学校的实际情况，对各种现有的媒体资源进行最佳的配置，这样才能最大限度地挖掘其内在价值并实现资源的共享。同时，在硬资源使用过程中也会出现各种各样的问题，这就要求教师必须及时采取有效措施来解决这些问题。在当代的教育技术工具里，资源的共享被认为是一个突出的属性。它包括硬件设施上的共享与软件功能上的共享两个方面。在建设设备的过程中，我们不仅要考量设备的前沿性、兼容性和经济效益，还必须重视设备的分层结构和它们之间的互补作用。在使用多媒体资源方面也是如此，因为它能使教师更容易地从众多的教学手段中选择符合自己教学要求的教学方法，从而提高教学质量。使用外语的多媒体资源并不意味着我们已经放弃了所有数字化的资源。

通过对现有资源与新资源的合理融合，能够解决不同资源系统间存在的不兼容性问题；确保系统内的信息能够互相交流、操作和分享；针对数据信息的一致性以及信息的语义进行解决；解决了语言信息的海量、动态和分散特性与语言信息管理的集中性和便利性之间存在的冲突；为了缓解物理空间的不足；制定与本地学生需求相匹配的课程和教学材料；加强教师与学生之间的互动，实现教师资源的互补和联动。然而，在资源整合的过程中，我们需要摒弃传统的“独占经济”观念，应对当前普遍存在的信息孤岛问题，将追求最大利益的策略转向追求最大效能和强调社会协作的重要性。

2. 软资源整合

所谓的软资源，是指那些基于特定介质或载体存在的抽象信息资源。从宽泛的角度看，外语课程的软资源可以被划分为数字化资源和非数字化资源这两个主要类别。数字化资源涵盖了所有采用数字化制作技术的资源，包括多媒体课件、CD音频、VCD/DVD视频和网络信息资源等。

在推进数字化资源的工作过程中，我们也需要最大化地利用那些非数字化的资源。课件资源的创新和开发应视为教材的再次创作和处理，利用各种数字资源可以补充教学内容，而网络资源的合理利用则是课堂和教材的进一步扩展。在多媒体网络的学习环境中，学生能够使用各种不同的工具和信息资源来实现他们的学习目标。因此，在外语教学中，优秀的软硬件资源与信息资源的融合应当能够实现多种媒体资源的相互补足，从而突破时间和空间的限制，拓宽学习者的活动范围，并为自我验证、信息的重新组织和交互传播提供有效手段，进而成为一种强有力的认知工具，以支持和扩展学生的思维过程。整合相关软件时，必须确保其主要目的是更好地开发和利用外语教学资源。

在信息技术与学科课程的融合过程中，除了将信息技术用作教师教学的示范工具外，还应将其视为学生在获取信息、探究问题、团队讨论、解决问题以及构建知识体系方面的认知工具；教师的职责不仅仅是向学生传递知识，他们还需要充分利用数字化的学习环境和资源，协助学生进行知识的重塑和创新。

(二)人员和管理的整合与重组

“合作式学习”旨在为学习者创造一个统一的学习氛围，并激励他们相互支持，激发团队合作的动力，从而提升学习者的个人学习成果并实现团队学习的目标。随着多媒体网络技术融入教室，原本单调的课堂内外的人际交往逐渐变得多样化。传统的教师与学生之间的关系正在向多个方面演变，包括教师与教师的合作、学生与学生之间的合作、教师与管理人员的协同以及学生与管理人员的合作等多种关系。在现代教育技术的背景下，曾经相对独立的教师、学生和管理人员现在都变成了互相学习和相互推动的目标。为了实现真正意义上的互动，关键在于加强“人件”的建设。核心目标是让学科的教师、学生、技术专家和管理者都能对信息技术持有积极的看法，掌握基础的信息技术知识和技能，了解信息技术在学习、教学和管理中的实际应用，并充分运用这些技术来提高工作效率，从而推动教学改革的进程。

1. 师生合作

教师的角色不只是对学生的学习进行管理和评价，他们还应当充当学生学习的协助者、课堂活动的协商者、参与者和心理支持者，更重要的是，教师应成为学生学习过程中的合作伙伴。学习者应当积极参与课程的整体内容设计，选择合适的学习流程，策划语言学习活动，并在很大程度上对自己的学习成果承担责任。随着网络技术与多媒体教育系统的融合，信息已经渗透到每一个角落，无处不在。知识的快速更新和传播途径的拓展使得信息的即时更新成为可能。然而，教师作为独立的个体，他们的知识体系和时间资源都是有限的，这更加需要教师与学生之间的紧密合作。

2. 教师培训

对计算机和多媒体设备的基础操作有深入了解，并掌握一些网络相关的知识，是现代教育工作者所必需的核心专业能力。在多媒体教学中，教师需要展现出巨大的激情，全身心地投入，充分利用他们的创新能力和主动性，巧妙地将计算机应用、语言学的教学理念、在线教学资源与他们的课程内容相结合。在实际的教学过程中，教师能够掌握资源的收集、处理、应用、整合以及进一步的完善和开发，从而将小技巧转化为巨大的教学工具。作为教师，他们不仅需要掌握如何使用 PowerPoint 来编辑和创建多媒体课件，而且在实际使用多媒体课件的过程中，还需要掌握如何播放或展示这些课件的相关技巧。

3. 学生培训

学生在计算机应用上的技能将对他们的教学效果和未来的个人发展产生直接影响。为了培养适应信息时代需要的人才，必须从教学内容和教学方法等多方面进行改革，以提高学生计算机应用的技能水平。教师和技术管理人员有责任激励和指导学生主动收集教学材料，尝试设计、开发和调试课程小课件，在多媒体教室中培训他们掌握多媒体设备的操作规程，熟练使用语言实验室、多媒体教室、微格教室和网络室设备的基本技能，使他们认识到，网络不仅仅是通过即时通信软件聊天或玩网络电子游戏那么简单。学生应学会如何操作这些设备以达到学习目的，从而培养其综合运用信息与通信技术进行自主探索研究的能力。作为一名教育工作者，有责任将学生在掌握现代教育技术设备方面的技能纳入评价准则，并进一步加强对学生实际操作能力的培养。

4. 管理人员的培训

对技术管理人员进行培训，使他们能够关注国内外的外语多媒体技术信息，并掌握多媒体和网络技术在外语教学中的应用。负责设备管理的工作人员应当与外语教学团队合作，进行教学音像资料的采集、录制和保存；协同教师进行课件制作和光盘资料的刻录工作；协助教师和学生进行资源的创建、管理、检索以及资源的共享活动。

二、多媒体课件开发的问题与对策

学习和应用语言是一种涉及多个感官的过程，而各种媒体则是通过各自独特的感官途径来传递这些语言信息。现阶段，有些教师在多媒体网络资源的应用上显得不够充分，他们的语言输入方式过于单调，导致学生的学习热情从最初的好奇逐渐转变为厌烦，课堂上的互动变得如同教师的独角戏，而学生的输出能力也显得不足。主要表现在，一是教学课件的开发缺乏分工合作，二是部分课件重形式轻内容，三是课件设计缺乏针对性。具体教师可以采取以下对策。

(一)资源共享

在制作课件的过程中,我们可将具有相似或一致内容的资源进行整合,并以学科或课程组为基本单位,充分激发每位教师的主观能动性,以实现软件资源的共享和投资的互补。我们应该对课件资源进行整合和共同开发,避免将课程内容分割成不同的部分,以减少重复购买和重复开发的情况。

(二)精心设计

仔细构思多媒体课件的脚本,并对课件的样式和内容进行调整。在课件中,我们需要合理地安排文字、声音、图像和动画的展示比例,并考虑到字体、字号、颜色和播放环境等多种因素。我们应该增加课堂教学的信息输入,并为学生提供多样化的互动训练方式。我们要精心设计课堂教学的各个环节,确保教师与学生之间能够进行广泛的沟通和信息分享,这完全体现了"以教师为核心,以学生为中心"的教育理念。

(三)分工合作

在创建多媒体课件的过程中,我们应该根据各种教学目标,确立一个健全的团队合作和分工机制。根据教学内容,合理地选用多媒体技术,使之成为辅助教学手段之一。在日常工作中,我们要有专门的人员负责并与团队合作,他们致力于收集和整理数字化的多媒体教学资源,并建立一个完善的专业教学素材库,以促进不同学科教师之间的深入交流和相互学习。

(四)合理加工

整合、活化教学内容。对教材内容再加工、活化,使静态的文字变成生动活泼的交际内容,使教学活动更加贴近生活,更具有趣味性和交际性。

(五)合理调整

依据教学需求,对教材的内容顺序进行适当调整。考虑到学生的思维模式、心理需求以及教材的具体内容,教师可以调整教材的内容顺序,使其与日常生活紧密结合，这有助于激发学生的思考，增加他们的学习积极性，并最终提升学习成果。

第三节　课程资源库的建设

一、资源库建设

（一）资源库的基本架构

资源库的功能是对特定范围内的数据和数据链接进行归纳和整理，然后以特定的格式存储，以供用户查询和利用。资源库不仅可以被存储在数据库里，还可以被保存在文本或其他文件格式中。此外，数据库还可以与电脑文件结合使用，其内容可以是表格、文本、文档、图片、资源链接或目录等多种形式。资源库可以被视为数据库的一种特定应用，它通过数据库管理工具来实现数据资源的全面管理、检索、调用、下载和有序存储等多项功能。资源库并不总是依赖数据库，它可能直接将各种文件、图片、文档和表格存储在特定的介质中，并据此资源目录，以供用户进行检索、处理和使用。

教学资源库有助于增加语言输入的数量和频次，提升语言输入的真实性，并加强考试的反馈机制。简而言之，数字化资源库就像一个衣柜，它可以根据用户的各种需求或资源的特定功能，将各种资源分类并存放在不同的子库或文件夹中。

（二）基础外语课程资源库

在数字化信息的时代背景下，外语教育技术已经融入语言教学中，当教育技术与外语课程结合时，无疑会触发一场外语教育领域的“无声变革”。对于外语教师来说，教学内容、教学方法和教学工具都带来了前所未有的挑战。一本完整的教材、一本讲义和一位教师主导的教学场景，都将成为资源库的一部分。

二、课程资源库建设示例

高质量的课件应该在整体色调和风格上达到一致性，这主要体现在背景色彩的处理上，避免过于花哨和混乱，以免淡化主题的重要性。色彩的组合需要保持和谐，避免过于明亮，并确保对比度不过高。色彩的组合反映了教师的审美鉴赏力和审美修为。

一个完备的课件中充满了众多的超链接和动画。在教师完成这些超链接和动画的设置后，他们必须通过播放来验证这些超链接和动画的准确性，这是确保课件质量的关键步骤。

要制作出高质量的课件，不仅需要有出色的创意，还需要持之以恒的耐心。因为课件的制作是教师智慧和创意的结晶，而不仅仅是简单地堆砌素材。完成课件制作后，需要多次播放，确保超链接和插入的内容都能正常播放。如果链接的外部内容过多，那么课件就需要进行打包处理。通过多次播放测试，我们经常可以识别出编辑时难以察觉的问题，从而减少在实际应用中可能遇到的各种困难。

课件制作不仅展示了教师在信息技术、课文掌握与分析、教材分析与整合，以及对学生的关心和态度方面的能力，还展示了教师在将“生资源”转化为“熟资源”方面的高超技艺。

第九章　教育信息化与中小学英语教学创新实例

对学生而言，他们会对自己感兴趣的学科展现出一种积极主动的学习态度，并愿意全身心地投入其中。如果在课堂中教师能激发学生的学习兴趣，就可以提高课堂教学效率。因此，人们经常提到“兴趣是最优秀的教导者”。学习兴趣也叫求知欲，即一种带有情感色彩的认识倾向和心理状态，是学习动机中最现实、最活跃的成分，是直接推动学生进行自主探索与创新活动的内部动力。学生的兴趣成为他们对各种事物的感知、对新知识的渴望以及思维成长的主要推动力。所以教师要想方设法培养学生学习英语的兴趣，激发其求知欲，让他们爱上英语课堂。在英语教学中，教育信息技术发挥了极为重要的促进作用，并且已经以极高的效率达成了这一教学目标。本章主要阐述教育信息化与中小学英语教育创新之间的密切关系及如何更好地为中小学生服务。在本章中，我们将从交互式电子白板、智慧课堂、翻转课程、对分课堂、微课等多个角度深入研究教育信息化与中小学英语教学创新之间的联系，并为此提供了详细的案例分析。

第一节　交互式电子白板在中小学英语教学中的应用实例

一、交互式电子白板的含义

交互式电子白板，通常也被人们称为“交互白板”或“互动白板”，其实是电子感应白板和白板操作系统的结合。该设备融合了计算机科技、微电子技术和电子通信技术，它不仅是计算机的输入输出工具，同时也是人类与计算机互动的智能交流平台。简单来说，交互白板是一个在计算机硬件和软件的支持下工作的设备，它拥有标准的黑板大小，不仅具备普通白板和互联网多媒体计算机的特性，还能同时实现普通白板和计算机的功能。该设备是硬件电子感应白板（White Board）和软件白板操作系统的集成产物，主要由电子感应白板、电子感应笔、计算机和投影仪组成。电子感应白板是一款具有标准黑板尺寸的大型感应显示屏，它在计算机硬件和软件的支持下运行，其功能与传统的计算机显示屏非常相似，从而替代了传统的黑板显示方式。电子感应笔结合了电子白板书写工具和计算机鼠标的功能，其核心目的是取代传统的粉笔工具。不论是教师还是学生，他们都可以直接利用电子感应笔在白板上执行各种任务，这与传统的在黑板上使用粉笔的教学方法是类似的。他们有能力编写或操作多种软件，再利用电磁感应技术将这些数据反馈给计算机，并能迅速地通过投影设备将这些信息投射到电子白板上。白板操作系统是一个集成在计算机内的软件平台，它不仅能够实现人与白板、计算机和投影仪之间的信息交换，而且还内置了一个功能强大的学科素材库和资源制作工具库。这个智能操作平台可以与多种软件兼容，教师可以在白板上自由地调用各种素材或应用软件进行教学。这块白板结合了传统的黑板、电脑和投影设备等多种功能，使得使用过程变得非常简单。

二、交互式电子白板的类型和功能

（一）电磁感应式交互式电子白板

电磁感应式交互式电子白板采用了一只具有电磁波发射功能的电子笔，该笔能以多种频率发射电磁波。该电子笔还具有一个用于检测电磁信号强弱的传感器。当这款电子笔接近白板内部，并由水平和垂直两个方向的接收线圈构成时，多个接收线圈将会产生不一样的感应电动势。在一定条件下，这些感应电动势叠加后可使电子笔所显示的图形与白板内实际情况更加相符。通过分析水平和垂直方向上的各种线圈，我们能够精确地锁定电子笔的具体位置。

该技术的主要优点是其高度的定位精确性；在书写的过程中，由于压感的存在，笔迹可能会因为书写的重量而出现粗细上的差异；电子笔已经完全具备了鼠标的各种功能。然而，使用电子笔进行书写是必要的，触摸操作的限制是其明显的缺点。此外，电子笔对人体的辐射也相对较高，这使得它不太适合人们，特别是妇女和儿童长时间使用。

（二）压感式交互式电子白板

在涂有导电材料的两层薄膜之间，压感式交互式电子白板设计了一个气隙。当外部施加压力时，这两层薄膜会发生接触，从而帮助系统准确地定位接触点。它的技术上的优越性体现在其定位的准确性上；不需要专门的笔，可以进行触摸式的操作。板面的一个明显缺点是它容易被划伤或击打，反应速度相对较慢，并且不能制造出大面积的白板。

（三）红外式交互式电子白板

红外式交互式电子白板是由覆盖在白板显示区域四周的红外接收和发射对管构成的，这些对管形成了水平和垂直方向的扫描网格。当我们能够检测到阻挡红外光的物体，并在网格中阻止某一对水平或垂直的红外扫描线，那么我们就能够实现精确的坐标定位。

它的技术上的优点是不需要特定的笔，可以用手指、教鞭等工具进行书写或触摸；板材表面不容易被划伤；反应速度相当迅速；制造成本相对较低；使用期限相对较长；修理过程相当简洁；既安全又环保，且不产生辐射。缺点是其定位的准确性较低，无法完整地模仿鼠标的各种功能，并且容易受到强烈光线的影响。

（四）超声波式交互式电子白板

超声波式交互式电子白板采用了基于三点定位与测距定位的技术原理。当电子笔用于定位并在屏幕上移动时，它释放的超声波会被位于屏幕对面的两个固定距离的超声波接收器所侦测。通过精确计算接收时间，我们能够推算出电子笔与这两个接收器间的实际距离，进而准确地确定电子笔的顶点所在位置。

它的技术上的优点是能够在各种面积的白板上应用，具有很强的适应性。由于定位的精确度不一致并且容易受到温度的干扰，使用专门的电子笔进行书写成为其主要的不足。

上面提到的各种交互式电子白板各自具有独特的特性和优点，因此在市场上都有一定的份额。

第二节　智慧课堂在中小学英语教学中的应用实例

一、智慧课堂的概念与特点

（一）英语智慧课堂的概念

在我国，学者对智慧课堂的研究主要聚焦于两大核心议题：一是中小学英语教育中智慧课堂与智慧型教师之间的联系，二是教师能力的进一步增强。本书从信息化的角度出发，对智慧课堂进行了定义，并结合课堂的实际应用场景，提出了一个基于动态学习数据分析的智慧课堂的新概念。所谓的智慧课堂，其实是利用大数据和人工智能等现代互联网技术，通过创建网络英语的教学和备课环境，并结合相关的数字资源，利用云计算、大数据等先进的信息技术，将这些技术与中小学的英语教学流程相结合，从而创造出一个既智能又高效的现代课堂环境。

以智能化的基础设施、精细化的教育管理和个性化的英语教学为核心，我们致力于实现动态的学习数据分析、即时的评价反馈、立体化的交流互动和智能化的资源推送，全方位地改变课堂英语教学的方式和内容，以构建适应大数据时代的信息化英语课堂教学模式。通过将信息技术与中小学英语教学紧密结合，我们可以创造一个信息化的英语教学环境。

这种环境不仅能充分利用教师的主导作用，还能强调学生的主体地位。这种教学方式以学生的自主性、探究性和合作性为特点，从而更好地激发学生的主动性、积极性和创造性。这也意味着传统的中小学英语教学结构从“以教师为中心”的模式转变为“主导与主体相结合”的模式。[①]

（二）英语智慧课堂的特点

1. 基于数据

借助人工智能技术，英语教学过程中的数据采集变得更为便捷。所有这些数据都是基于学生的学习习惯，大数据的挖掘、分析和决策来收集的，利用这些直观的数据，我们可以更好地了解学生的英语水平，并准确获取他们的原始资料。我们的目标是根据学生的学习需求进行教学，实现教学的精确性和学习的精确性。

2. 高效互动

通过使用智能移动学习工具和应用支持平台，教师与学生、学生与学生之间的互动和沟通变得更为立体，实现了无障碍的实时交流和互动。

3. 动态开放

利用最新的信息技术和多种智能设备，课堂系统已经突破了时间和空间的束缚，实现了更为开放的课堂环境和更加开放的课堂活动，这使得我们能够在课前、课中和课后实现更好的整合。

4. 合作探究

通过小组讨论、合作式学习和合作小组服务等多种方式，学习者能在学习过程中自动地形成学习共同体的共同需求和兴趣。教师可以利用合作数字实时评估平台来及时反馈这些需求和兴趣。

5. 个性化学习

通过对预习课的小测验、实时分析以及对学生个性化英语学习能力的评估和分析，我们有针对性地制定了英语教学大纲和辅导策略，从而实

① 何克抗. 信息技术与课程深层次整合理论[M]. 北京：北京师范大学出版社，2008.

现了“一对一”的个性化英语教学模式。

6. 教学机智

教师可以通过分析课堂学习的动态数据和实时反馈，采取机智的行动，适时调整中小学英语课堂的教学设计，从而优化和改进中小学英语教学过程，充分展现教师的英语教学智慧和艺术。

二、初中英语智慧课堂教学案例

根据新的课程标准对初中生的英语读写技能的规定，以及对初中生的性格、心理和学习风格的深入分析，教学案例的设计和执行应以智能课堂为基础，目标是推动素质教育和促进学生的全面发展，同时也要考虑到每个学生的个体差异，实施因材施教和分层教学，以满足不同学生的学习需求。在课程内容的构建上，我们必须与日常生活紧密相连，确保学生能够在真实的环境中学习，并将所学知识应用到实际中。

（一）学情分析

在课程开始之前，我们对学生进行了学情分析。在小学教育的前期准备和前几个模块的培训中，学生已经掌握了基本的阅读和写作技能。本单元的主题是动物，涵盖了动物的居住地和食物等相关信息。由于学生对此非常感兴趣，他们也对文章的阅读和学习产生了浓厚的兴趣。基于这一点，笔者进行了深入的学情分析。在课程设计过程中，我们根据实际的交流环境，精心策划了吸引人的课堂环节，并为学生提供了既准确又合适的学习材料和资源。

（二）预习测评，教学设计

在预习测评的另一个环节中，我们会推送一篇名为 *Welcome to the Zoo*（《欢迎来到动物园》）的阅读文章。这篇文章以表格的方式详细描述了大熊猫、大象等动物的年龄、生活环境、外观特征以及饮食习惯等方面的信息。它与课文的结构和主要内容大致相符，并附带了不同难度但从多个角度考察的测试题目，所有题目都是单选题。学生提交之后，系统会对其成绩进行统计，并以百分数的方式进行详细的统计与分析。

(三)创设情境

在课堂教学过程中，为了激发学生的学习兴趣，并让他们有一种身临其境的体验，以便他们能更快地融入课堂和学习环境，这些教学环节是层层递进的，从每个段落的主旨到具体细节都有不同的题型设计，旨在为学生提供多样化的思考模式。此外，从任务5开始，学生将进入与考试内容紧密相关的语言训练环节。鉴于每个学生在阅读和学习方面的能力都存在差异，他们完成任务的速度也各不相同，当学生向系统提交他们的答案后，他们会将正确的答案传递给系统。

(四)点评与精讲，实时检测，总结提升

我们对这节课学生们的表现进行了点评，他们的态度都非常积极和认真，任务完成得很好，并且我们还推送了实时检测的任务。主要的展示方式是口头作文，但由于时间限制，不能确保每个小组的学生都能完整地展示，因此我们选择了三个随机功能组来进行展示。在进行相关话题的阅读测试并收集到统计数据之后，我们将针对错误率较高的问题进行了详细解释。

紧接着，在课程即将结束的前三分钟，我们指导学生对这堂课的内容和知识进行了梳理，并对自己存在的问题进行了深入分析，从而确定了下一节课的努力方向。

(五)布置作业

在布置课后作业时，我们精心挑选了几篇阅读文章和完形填空，并按照不同的难度等级向学生推荐。其中，两篇是必须完成的，其余的则是精选。这样做是为了鼓励能力较强的学生不断地挑战和提升自己。以阅读文章和完形填空为例，我们还根据系统反馈的成绩数据录制了微课，对易错题和其中的重要语言点进行了详细讲解。

(六)反思评价，提供扩展资源

在课程结束后，我们对授课方式和学生的学习进程进行了深入的思考，觉得这一堂课的效果相当不错，学生们在一个轻松愉快的环境中达成

了他们的学习目标，并且他们的读写技能也有所增强。

我们选择了BBC的纪录片《爱上大熊猫》作为推广资源给学生，这不仅提高了学生的英语鉴赏能力，还增强了他们的文化自信心。大熊猫作为我国的珍贵国宝，受到了全球人民的喜爱，这让学生们感到无比骄傲和自豪。

总体来说，在这堂课的设计和实施过程中，我们不仅充分考虑了大班教学环境下学生个性化发展的需求，还特别强调了培养学生团队合作能力的重要性。因此，作为一堂读写课，我们始终致力于加强学生读写能力的训练。在这一教学过程中，我们充分发挥了智慧课堂在技术上的优势，并按照经过优化的智慧课堂教学模式进行教学，从而取得了令人满意的成果。

第三节　翻转课堂在中小学英语教学中的应用实例

一、翻转课堂的含义

“翻转课堂”这一词汇是从英文的 Flipped Class Model 或 Inverted Class Room 翻译过来的，它代表了一种创新的教育策略，将传统的学习方法转化为全新的教学模式。该教学方法的核心理念是在课堂上最大限度地利用40分钟的时间，针对特定主题进行深入的讨论，以激发学生与他人之间的积极思想交流，从而在课堂环境中留下深刻的思维碰撞痕迹。翻转课堂采用了先进的网络信息技术，以调整课堂内外的学习方式。为了确保学生能够在有限的时间内观看教学视频，教师会根据特定的知识点进行教学视频的设计和录制。这样，学生可以在课堂上提出自己的疑惑，与其他的学习伙伴一起探索、互动和学习，从而真正掌握学习的主动权。翻转课堂的诞生彻底颠覆了传统的“在课堂上听教师讲解，课后完成作业”的教学方式，转而让学生在“课前学习教师的视频讲解和其他材料，课堂上在教师的指导下完成作业和互动”。翻转课堂位教学带来了新的活力，实现了因材施教的教学目标。这样的教学方法不仅能帮助教师更深入地理解学生的个体差异，还能帮助他们更好地掌握教学的节奏，为学生提供更多的时间来解答他们的疑惑，确保所有层次的学生都能从中受益。

二、翻转课堂应遵循的原则

（一）先学后教原则

翻转课堂的一个显著特点是它彻底改变了传统的教学方法。在正式开始授课之前，中小学的英语教师需要确保学生熟悉所学内容，并有目的性地“优先学习”。为了增强学习的实际效果，教师在录制关于特定知识点的视频资料时，应注重内容的趣味性，就像细致地分析每一个细节，将所学知识展现给学生。在鼓励学生独立学习的前提下，我们应该充分利用课堂上的40分钟，为学生提供答疑解惑的机会，培养他们的跨领域思考能力，并建立一个平等的对话环境，从而真正达到夸美纽斯所言：“教师可以少教，学生可以多学，而为学生创造一个更多的休闲、乐趣和持续进步的环境。”

（二）以学为本原则

翻转课堂展现出鲜明的互动性质，教育者需要调整自己的思维方式，完全摒弃传统的师道观念，将学生视为紧密的合作伙伴。无论是录制教学视频，展示各种教学资源，还是进行课堂讨论，都应以实现“三维目标”为最终目标，以最大限度地挖掘学生的内在潜力。在这种教学环境下，学生仿佛变成了学习过程中的主导者，他们以一种积极的态度参与到每一个学习环节。而教师则需要扮演策划者和组织者的双重角色，及时为学生提供指导，从而激发他们的思维活力。

（三）以教为导原则

教师需要用全新的思维方式来审视他们的教学活动，摆脱传统的说服性和灌输性教育观念的束缚，积极地引导学生，以突出学生在教学过程中的主体性。在中学和小学的英语教学中，我们应该通过适当的引导，帮助学生掌握科学且合适的英语学习策略，培养他们的思维能力，鼓励他们通过自己的努力来解决问题，鼓励他们大胆发言，主动提出疑问，并与教师和学生进行深入的交流，从而提高他们的自学效果。在课堂学习完毕之后，学生有机会通过网络平台来进行自我评估，以便客观和公正地识别自己在学习过程中的不足之处。

（四）协作互动原则

在中小学英语教学中引入翻转课堂的策略，旨在打破教师的传统“一言堂”教学模式，转变“哑巴英语”的学习模式，确保教师与学生之间的平等和高效沟通。这对教师提出了更为严格的要求，他们不仅需要对教材进行深入的解读和准确地识别其中的知识点，还需要对学生在课堂上的认知能力、学习习惯和个性特点有深入的了解。通过适当的引导，学生可以更加积极地进行自我学习，从而为轻松的教学做好充分的准备。对学生而言，他们可以在零碎的时间里进行预习，识别学习过程中的弱点，从而增强课堂互动的效果。

三、实施翻转课堂应注意的问题

（一）切忌以视频课件代替面对面的交流

在翻转课堂这一教学理念的指导下，我们必须确保视频课件的高质量，但同时也不能忽视面对面交流和互动的重要性。在课程开始之前，教师应在深入掌握教学内容的前提下，高效地整合这些内容，并制作出高品质的教学视频与课件。在课堂教学中，教师为学生的成果展示提供了方向性的建议，协助他们进一步加深对所学内容的理解；面对学生提出的各种疑问，教师会在现场进行答疑解惑，以解决学生面临的复杂问题，从而提升课堂教学的整体效果。在课程结束后，教师有责任深刻地指导学生进行学术反思，进一步深化他们所掌握的知识，并指导他们将这些知识有效地转化为实际能力。

（二）切忌过分强调“学生学”而忽视“教师导”

在执行翻转课堂模式的过程中，教师的角色从前台转移到了幕后。

这并不意味着教师的重要性有所下降。相反，教师需要在教学理念上发挥更为关键的作用。只有当学生了解并有效地将国内外先进的教学观念应用到课堂实践中，他们才能真正从这些新的教学理念中受益。教师不仅仅是传统意义上的“教书匠”，他们更是起到了“导师”和“导演”的双重角色。只有当教师充分利用“导”的功能，精心策划教学内容和活动，熟练掌握网络技术和多媒体技巧，翻转课堂的独特优势才能得到充分的展现和体现。

（三）切忌为“翻转”而翻转

尽管翻转课堂的优点得到了教师的肯定，但这并不代表我们应该完全放弃传统的授课方式，而是需要通过两种教学策略的结合，来增强学生的语言接收能力。我们还可以根据实际需求，例如在教学内容、学生的认知能力和教学环境等方面，在传统的教学方法和翻转课堂模式之间做出明智的选择。随着学生认知能力的逐步提升，翻转课堂这一教学模式可以逐步被引入。然而，我们必须清楚地认识到，实施翻转课堂需要依赖先进的网络技术支持。尽管这种创新的教学模式有很多优点，例如观看视频可以帮助学生掌握知识，但它无法替代教师的教学方式；虽然在线互动可以给学生带来启示，但它并不能更有效地激发学生之间的智慧碰撞。因此，中小学的英语教师可以实施混合式的教学方法，成功地将课外学习和课内学习整合在一起，从而最大限度地提高学习效率。

综合来看，翻转课堂不只是简单地改变了传统的课堂模式，更为关键的是，在这种翻转课堂模式下，学生被置于核心位置，这不仅激发了他们的学习潜力，还增强了他们的学习技巧。这样的变革与创新为教师在专业技能和教学能力上设定了更为严格的标准。教师需要更新他们的思维方式，重新定义自己的角色，并根据教学目的，精心制作视频或合理地使用高质量的网络资源，以优化课堂教学活动，确保翻转课堂成为学生全面成长和发展的最佳场所。

四、翻转课堂在中小学英语教学中的应用实例分析

下面我们从课前和课堂中两个方面了解一下翻转课堂在高中英语教

学中的应用。

在教室里，学生有机会将他们在学习过程中遇到的问题和听不懂的部分拿出来与大家一起讨论，这样可以更有效地促进学习。这个步骤可以总结为：确定任务，完成任务，汇报任务，例如，学习一篇名为《一个健康的身体》的课文时，教师问："为什么爷爷会这么健康？他是如何戒烟的？又是如何劝说他的孩子去戒烟的？"学生有能力自主完成这些特定任务，或者通过团队合作来加强他们的语言组织和表达技巧。他们可以选择使用口头报告、幻灯片展示或角色扮演等方式来展示任务。这种方式能够将课外的学习与课堂的实际应用紧密结合，使得学生在学习的同时也能应用所学，从而展现出语言的实际应用价值。

综合来看，翻转课堂代表了一种创新的教学策略，它与新的课程改革趋势相契合，强调学生在课堂中的中心地位，充分激发了学生的主观能动性，从而显著提高了英语教学的效果和品质，同时也增强了学生的学习热情和主动性。

第四节　对分课堂在中小学英语教学中的应用实例

一、对分课堂的含义与基本模式

（一）对分课堂的含义

所谓的"对分课堂"教学模式，其核心是围绕讲授（presentation）、内化吸收（assimilation）以及讨论（discussion）这三个关键环节来进行的。因此，我们通常将对分课堂简称为PAD课堂。在对分课堂模式中融合讲授式教学与讨论式互动教学的优势，其核心理念是将课堂时间的一半分配给教师进行教学，而另一半则交给学生，让他们通过讨论的方式进行交互式学习。此外，对分课堂教学模式的创新之处在于它将教学和讨论的时间分开了，从而为学生提供了更多的自主学习时间，使他们能够对学习内容进行个性化的内化和吸收。

在对分课堂教学模式里，包含的对分理念覆盖了三个独特的方面。首先，我们需要思考的是教学之间的均衡。在教学活动中，教与学是两个互为补充的环节，它们共同促进了教学质量的提升。其次，我们需要思考的是如何合理地分配课堂时间。在分配课堂时间时，教师并非课堂的主导者，而是大约有一半的时间是由学生主导的，用于自主学习和交流讨论，这增加了学生与学生、教师与学生之间的互动时间。最后，我们需要明确权利与责任的划分。在整个教育流程中，教师与学生都扮演着至关重要的角色，他们都应该对整个教学活动负有主要的责任。在教学活动中，无论是教师还是学生，都享有决策的权利。教师的核心任务是保证教学内容的连贯性，而学生则更倾向于深入地理解和吸纳个性化的知识，从而推动他们的个性化发展。

在传统的阅读课堂教学模式中，通常是教师授课结束后，学生紧接着展开讨论。但是，这种所谓的“即时讨论”实际上违反了心理学的教学原则。学生在没有完全理解和吸收教学内容的前提下进行讨论，这使得他们很难对问题有深入的理解，也难以提出创新的观点，从而导致讨论不能达到预期的效果。针对对分课堂的教学模式，我们从“即时讨论”转变为“延时讨论”，并在内化吸收的阶段鼓励学生进行自主的学习和思考。当学生对教学材料有了深入的理解和吸收，他们会更有策略地进入讨论环节，这将有助于增强讨论的效果，并更好地达到教学目的。

（二）对分课堂的基本模式

完整的教学流程是由课堂模式的三个关键环节组成的，包括五个主要步骤：授课、自主学习、独立完成作业、小组讨论和全班讨论。对分课堂模式分为三个子模式，分别是当堂对分、隔堂对分、当堂对分和隔堂对分的结合。如果自主学习与独立完成作业这两个环节是在课程结束后进行的，那么它们会被安排在不同的课堂上进行对比；在同一堂课中，同时执行这五个步骤被称为当堂对分。考虑到英语阅读的独特性和初中生的学习状况，我们选择了当堂对分的教学策略，即在同一堂课中完成讲授、内化吸收和讨论这三个阶段。

在教学过程中，应特别强调教学中的空白部分。教师传授知识结构，并指出教学中的重点和难点，但并没有完全涵盖教材的全部内容。为了协助学生构建知识结构并形成正确的认知框架，教师的解释应当简明扼要，表达清晰。

在吸收和内化的过程中，我们强调自主学习的重要性。学生根据教师分配的任务，依据自身的学习能力和特点，对所学知识进行深入的内化和吸收，从而能够按照自己的学习节奏全方位地理解教学内容。在这个过程里，我们希望学生能够整理出"亮考帮"，也就是"亮闪闪""考考你"以及"帮帮我"。"亮闪闪"指的是学生在学习过程中整理出的亮点，这些亮点可能是学习的重点或者是难点。"帮帮我"是指当学生指出他们不理解的部分时，他们会寻求其他学生的协助。"考考你"是指学生寻找自己最有感触的部分，然后测试他人，看他们是否对此有相同的理解。"亮考帮"作为一个教学框架，旨在协助学生更深入地掌握知识，并为后续的讨论环节打下坚实的基础。

在讨论的过程中，我们强调每位学生都应该有机会表达自己的观点。讨论分为四个部分：小组讨论、教师随机抽查、自由提问、教师总结。在小组中，每个成员都被要求围绕已经完成的任务和整理好的"亮考帮"分享他们的观点和想法。随后，教师进行随机抽查，从中随机选择几组，并特别点名让学生们分享他们的讨论成果。鼓励学生以"我们组"为中心，来阐述小组的立场，而不是单一个体的观点。接下来，教师邀请全班同学发表意见，希望学生能提出他们的疑问，这样教师和其他学生都能为他们提供答案。最终，教师对遗漏和需要进一步深化和拓展的部分进行总结。

二、对分课堂的设计理念

对分课堂是一个过程，在教师的指导和帮助下，学生通过自主和个性化的学习方式，深入理解和真正吸收教学内容，逐渐培养出独立思考和创新思维的品质。学生们通过小组协作和全班的互动交流，在与他人的互动中加深了他们对学习材料的认识和理解。通过深入的讨论，学生不仅可以感受到知识带来的乐趣，还能体验到学习知识的喜悦，这也进一步激发了他们的学习热情。对分课堂模式体现了一定的课堂设计理念，具体表现为以下三点。

（一）以学习为中心，体现学生的主体地位

在实施对分课堂教学模式时，我们强调“以学定教”的原则，这意味着我们首先关注学生的学习方式、策略和程度，随后再思考教学方法。这样做的目的是确保教学目标的设置是合理的，并最大化地利用教师在课堂上的指导能力。我们应当重视学生在学习中的核心地位，从他们的学习经验出发，明确教学方向，以确保教学目标的实现。对分课堂教学模式的最终目标是协助学生寻找最符合他们需求的学习方法，激发他们的内在学习动力，并构建一个高效的课堂环境。在对分课堂教学模式中，强调的是学习的过程，而不是最终的成果，这突显了学习过程对学生价值的重要性。在课堂中，每一个环节都设定了清晰的目标和任务，这有助于学生有条不紊地、有组织地达成他们的学习愿景。

（二）面向全体学生，促进每一位学生的发展

在传统的课堂教学中，优秀的学生通常被视为教学的楷模，整个教学流程基本上是教师与这些优秀学生之间的互动问答。但是，每当教师对表现出色的学生给予表扬时，都会对其他学生的自尊造成严重的伤害。这种课堂环境持续地提醒大部分学生，他们的表现并不出色，这导致他们未能获得应得的尊重和表扬。因此，他们开始对课堂产生排斥感，从而使得他们的学习效果并未得到实质性的提升。在采用对分课堂的教学模式中，教师展示了知识的结构，而学生则主动地探讨课堂主题，并根据自己的教学方法展现出他们的真实能力。学生们不再是机械地完成学习任务，而是变成了学习的主导者。只要他们愿意付出努力，每个人都有机会展示自己，从而培养出一种对自己学习负责的学习态度。

（三）关注个体差异，促进个性化发展

每个学生都有其独特的学习习惯和需求，这就意味着我们的教学方法需要根据实际情况和个体差异进行调整。在目前的教学模式中，课堂是以班级为基本单位来进行的，但由于教学规模相对较大，往往不能充分考虑到每一个学生的需求，因此，因材施教已经变成了一种理想的教学模

式。在学生进入分课堂模式的吸收和内化阶段时，他们会根据自己的学习基础和习惯自行安排时间，以最大限度地加强对所学知识的理解和吸收，从而整理出符合自己学习特性的“亮考帮”。一旦学生获得了独立展现自己的机会，他们的个性自然地开始塑造和成长。

三、对分课堂的教育原则

（一）自我教育原则

在教学过程中，我们应当重视每位学生的实际需求，并助力他们增强自我教育的实践能力。在对分课堂模式的内化吸收环节中，存在着一种具有自主性和个性差异的学习过程。当学生完成了基础的学习任务之后，他们可以根据自己的学习需求进一步进行个性化的学习，这种方式也是一种自我教育的方式。在这一教学环节中，学生能够深入理解课程内容，调整他们的学习策略，并培养出积极的情感反应以及对事物的态度和价值观。在小组的互动中，学生们全力以赴地分享他们的成果给其他的同学。通过使用“亮考帮”这一教学工具，学生可以增强自己的问题思考能力，并持续地反思自己对知识的掌握状况，从而有助于提升自己的学习成绩。

（二）知识生成性原则

认知主义强调了学科结构的核心地位，而学习的终极目标是构建一个关于学科知识的认知框架。在对分课堂教学模式中，教师的指导作用被强调，而在讨论环节，通过学生与学生之间的互动和交流，可以促进思想的碰撞，从而催生新的知识和思维方式。换句话说，某些知识是在课堂环境中形成的，而非教师在课前预先规划好的。学生在知识创造的过程中，不应只受限于当前的教学材料。与此相对，他们获得了更广阔的探索和创新学习的机会。他们有能力以灵活的方式掌握课程内容，充分发挥自己的主观能动性和创造力，从而产生更多创新的思维和观点。

（三）思维能力原则

培养思维品质可以帮助学生更好地发现、分析和解决问题，同时也能更快地提高他们的逻辑推理能力。在对分课堂教学模式下，学生可以通过“亮考帮”的方式来梳理自己的思考成果，并在小组讨论环节中进行分享。这种方式不仅逻辑清晰、条理分明地表达了自己的观点，还有助于激发学生的质疑和批判性思维。在对分课堂教学模式下，鼓励学生通过相互交流来分享学习经验、策略和问题解决方法。通过与教师和其他学生的比较，可以识别出教学思路的长处和短板，从而改进学习方式，并尝试从多角度去思考问题，以提升学习的效率和成效。

（四）发展性原则

发展性原则强调，在教学过程中，应全面促进学生在智力、意志、情感等多个方面的全面发展。学生需要超出已掌握的知识范围，最大限度地发掘自己的能力。作为教师，他们有责任引导学生的成长，并努力推动学生的不断进步和发展。在对分课堂教学模式中，强调了课堂教学应具备一定的挑战性，稍微超过学生当前的学习水平，为学生提供更多的发展空间，并激发他们的学习积极性。此外，学生在掌握知识的过程中，不仅需要深入理解知识的本质，还需熟悉知识的起源和发展，认识到知识之间的网络联系，并有条不紊地掌握这些知识。

第五节　微课在中小学英语教学中的应用实例

一、微课的含义

微课主要是由课堂教学视频（如课例片段）组成的，同时还整合了与该教学主题紧密相关的教学设计、教学素材、教学反思、练习测试，以及学生和教师的反馈等辅助教学资源。这批资源通过独特的组织架构和展示手法，共同构筑了一个半结构化和主题化的“小环境”资源单元应用。因此，微课与传统的教学资源，例如教学课例、课件等，都存在明显的区别，它是在这些传统资源的基础上发展和继承的一种创新的教学资源。

二、微课的主要特点

（一）教学时间较短

教学视频构成了微课的关键部分。考虑到中小学生的认知习惯和学习模式，微课通常的持续时间是5—8分钟，但最长不应超过10分钟。因此，当我们将微课与传统的40分钟或45分钟一节课的教学课例进行比较时，它更适合被称作“课例片段”或是“微课例”。

（二）教学内容较少

相较于更为普遍的传统教室环境，微课在问题的集中性、主题的明确性以及更好地满足教师实际教学需求方面表现得更为出色。微课这一教学模式的设计初衷主要是为了突出课堂教学中某一特定学科的关键知识点（如教学的重点、难点和疑难问题），或者是为了反映课堂中某一特定教学环节和主题的教与学活动。与传统单节课程所需完成的众多复杂教学任务相比，微课提供了更为简练的教学内容，因此也常被人们称作“微课堂”。

（三）资源容量较小

从存储规模来看，微课中的视频及其相关的辅助资源，其总存储容量通常达到几十兆。视频的播放格式必须是可以在互联网上实时播放的流媒体格式。如此一来，无论是教师还是学生，都能在线流畅地查阅到课程示例、教案以及课件等相关辅助资料。除此之外，教师还能方便地下载并保存这些内容到各种设备上，如计算机、手机等，从而达到移动学习和“泛在学习”的目的，这对于教师的观察、评价、反思和研究都是非常有助益的。

（四）主题突出、内容具体

每一门课程都代表一个核心主题，或者更准确地说，每一门课程都代表一个特定的事件；所研究的议题是基于教育和教学实际操作中遇到的特定问题；无论是在日常生活中进行思考，还是在教学过程中进行反思，或是突破教学中的难点，或是突出重点，抑或是在学习策略、教学方法和教育教学观点等方面，都是具体而真实的问题，这些问题是个人或与同伴都有能力解决的。

（五）“草根”研究、趣味创作

由于课程内容之细微，因此，每个人都有潜力成为课程研究和开发的专家；课程研发的核心目标是紧密地将教学内容、教学目标和教学手段联系在一起，而不是去验证或推演理论。因此，研发的内容必须是教师自己熟悉的、感兴趣的、有能力解决的问题。

（六）成果简化、多样传播

由于研究内容的具体性和主题的明确性，使得研究的主题容易传达，而研究的成果也更易于转换；由于课程的容量非常有限且使用时间较短，因此其传播方式多种多样，包括网络视频、手机分享和微博讨论等。

（七）反馈及时、针对性强

由于“无生上课”这一活动在相对较短的时间内得到了集中执行，参与者能够迅速地了解到他人对其教学方法的观点，并获得相应的反馈。相较于传统的听课和评课活动，采用“现炒现卖”的策略更能确保课程的即时性。这是一次课前的组内“预演”，每个参与者都参与其中，相互学习、相互帮助、共同进步，这在一定程度上减轻了教师的心理负担，他们不会担心教学“失败”，也不会担心评价会“得罪人”，这比常规的评课更加客观。

参考文献

[1]陈君.中小学英语学霸单词课拼读速记[M].北京:北京理工大学出版社,2023.

[2]代安妮.中小学英语分层教学模式探究[J].课程教材教学研究(教育研究版),2023(Z3):18-20.

[3]邓润妹.如何做好中小学英语教学的衔接[J].江西教育,2021(33):30-31.

[4]董洪丹.中小学英语分级群文阅读教学理论与实践100问[M].北京:外语教学与研究出版社,2023.

[5]范鑫茹.如何做好中小学英语教学的衔接[J].海外英语,2022(3):146-147,152.

[6]甘雨,王喜娇,谢家成.中小学英语语法类线上微资源调查分析[J].中国教育技术装备,2024(5):31-34.

[7]海容.小学英语词汇掌中宝:一年级起点[M].北京:外语教学与研究出版社,2023.

[8]贺满足.中小学英语教师语言评价素养研究[M].长沙:湖南师范大学出版社,2023.

[9]李大雁.小学英语阅读教学中思维品质的培养[M].北京:北京理工大学出版社,2023.

[10]刘青.中小学英语衔接的困难与对策[J].成长,2022(2):88-90.

[11]刘杨,黎河.中小学英语教学实践案例[M].厦门:厦门大学出版社,2023.

[12]逯凌虹,陈月仙.地域文化传承与中小学英语教学[M].长春:吉林出版集团股份有限公司,2023.

[13]人民教育出版社.学习者策略教师指南[M].北京:人民教育出版社,2023.

[14]容海平,刘如意.怀特海表达观对中小学英语口语教学的启示[J].教学与管理,2024(12):78-82.

[15]山西省教育科学研究院.山西省首届中小学教师作业设计大赛获奖作品选:初中英语[M].太原:山西教育出版社,2022.

[16]司新玉.中小学英语教学的有效衔接策略[J].江西教育,2022(6):23-24.

[17]孙二军,李诗萌,杨水娟.学科核心素养视域下中小学英语教师语言能力发展[M].北京:社会科学文献出版社,2023.

[18]王春花."双减"背景下的中小学英语教学衔接策略[J].学苑教育,2024(9):13-15.

[19]王琳珊.中小学英语单元教学设计问题解答与案例精选[M].广州:广东人民出版社,2023.

[20]项纸陆,洪晓翠,罗晓杰,等.高中英语说课与试课视频课例[M].上海:复旦大学出版社,2023.

[21]徐刚.中小学英语听力教学衔接策略探究[J].安徽教育科研,2023(35):28-30.

[22]徐国辉,李艳.当朗读遇见戏剧:读者剧场在中小学英语阅读教学中的实践探索[M].北京:首都师范大学出版社,2023.

[23]杨忠."皮格马利翁效应"与中小学英语教学探索[M].昆明:云南科技出版社,2022.

[24]张金秀.中小学英语分级阅读课程化实践研究[M].北京:外语教学与研究出版社,2022.

[25]张彦峰.中小学英语教学衔接的实践探析[J].新课程教学(电子版),2021(17):37-38.

[26]张征. 中小学英语教学衔接的探讨与实践[J]. 新课程教学(电子版)，2023(4):73-74.
[27]周藻起. 农村中小学英语衔接教学研究[J]. 科学咨询教育科研，2024(2):244-247.
[28]朱丽萍. 中小学英语教学衔接问题研究[J]. 学周刊,2022(4):32-33.
[29]朱小元. 中小学英语教学衔接的实现[J]. 新课程,2022(1):193.